이것이 AI활용 홍보마케팅 전략이다

AI를 활용한 마케팅의 전략과 기법 알아보기!

공저 최재용 강미숙 김정미 문오영
손종열 유양석 최귀숙 최연서
감수 김진선

미디어북

이것이 AI활용 홍보마케팅 전략이다

초판인쇄	2024년 9월 02일
초판발행	2024년 9월 10일

공 저 자	최재용 강미숙 김정미 문오영 손종열 유양석 최귀숙 최연서
감 수	김진선

발 행 인	정상훈
디 자 인	신아름
펴 낸 곳	미디어북

서울특별시 관악구 봉천로 472
코업레지던스 B1층 102호 고시계사

대 표 02-817-2400 팩 스 02-817-8998
考試界 · 고시계사 · 미디어북 02-817-0419
www.gosi-law.com
E-mail : goshigye@chollian.net

판 매 처	미디어북 · 고시계사
주문전화	817-2400
주문팩스	817-8998

정가 18,000원 ISBN 979-11-89888-91-6 13560

미디어북은 고시계사 자매회사입니다

이것이 AI활용
홍보마케팅 전략이다

Preface

4차 산업혁명의 중심에 선 인공지능(AI)은 비즈니스 전반에 걸쳐 거대한 변화를 일으키고 있다. 이제 AI는 더이상 선택이 아닌 필수가 돼가고 있으며, 그 영향력은 상품 기획에서부터 마케팅에 이르기까지 비즈니스의 모든 과정에 스며들고 있다. 본 책은 AI를 활용한 마케팅의 최신 트렌드와 사례 그리고 이를 성공적으로 활용하기 위한 실질적인 방법들을 제시함으로써 독자들이 AI를 이해하고 실무에 적용할 수 있도록 돕기 위해 집필됐다.

AI 마케팅의 각 분야에서 두각을 나타내는 전문가들의 통찰과 경험이 담긴 이 책은 다양한 관점에서 AI를 활용한 마케팅의 전략과 기법을 다루고, 강미숙 저자는 AI를 활용한 상품 기획과 판매, 마케팅의 모든 과정을 세밀하게 다루어 기업이 AI를 어떻게 비즈니스에 접목할 수 있는지에 대해 설명하고 있다. 최재용 저자는 AI 에이전트 챗봇을 활용한 AI 마케팅의 실질적인 접근법을 제시하며, 유양석 저자는 매니챗을 통해 마케팅 자동화를 실현하고 고객의 마음을 사로잡는 비법을 전수한다.

또한 최귀숙 저자는 AI 기반 그로스 해킹의 개념과 실무적 활용 방안을 다루며, 김정미 저자는 생성형 AI를 활용해 Suno AI와 Vrew와 같은 툴로 콘텐츠를 제작하는 방법을 소개한다. 문오영 저자는 D-ID AI를 활용해 기업 홍보의 새로운 지평을 여는 방법에 대해 논의하며, 최연서 저자는 AI를 활용한 홍보영상 마케팅의 성공 사례와 활용 방안을 탐구한다. 마지막으로 손종열 저자는 윤리적 AI 마케팅의 필요성과 그 방법론에 대해 깊이 있는 통찰을 제공한다.

AI 마케팅은 단순히 기술을 적용하는 것을 넘어 소비자의 마음을 이해하고, 보다 개인화된 경험을 제공하며, 나아가 기업의 가치를 윤리적으로 전달하는 것을 목표로 합니다. 이 책은 AI를 활용해 마케팅 혁신을 이루고자 하는 기업과 마케터에게 풍부한 영감을 줄 것이다.

지금이야말로 AI 마케팅의 무한한 가능성을 탐구할 시간이다. 여러분의 여정이 이 책과 함께 새로운 도전을 향해 나아가기를 기대한다.

끝으로 이 책의 감수를 맡아 수고하신 파이낸스투데이 전문위원, 이사이며 (사)한국AINFT협회 이사장인 김진선 교수님께 감사를 드리며 미디어북 임직원 여러분께도 감사의 말씀을 전한다.

2024년 9월

디지털융합교육원 **최 재 용** 원장

공저자 소개

최 재 용

과학기술정보통신부 인가 사단법인 4차산업혁명연구원 이사장과 디지털융합교육원 원장으로 전국을 누비며 생성형AI 활용 업무효율화 강의를 하고 있다, 또한 한성대학교 지식서비스&컨설팅대학원 스마트융합컨설팅학과 겸임교수로 근무하고 있다.

(mdkorea@naver.com)

강 미 숙

윤선생 영어교실 팀장 25년 근무 중이며, 디지털융합교육원 지도교수 및 선임연구원이다. AI 인공지능 콘텐츠 강사 경진대회 우수상을 수상했으며 인공지능강사로 AI 마케팅 1급 지도사, 파이낸스투데이 객원기자, 30k 인플루언서로 활동하고 있다.

talkstar012@gmail.com

김 정 미

디지털융합교육원 선임연구원이자 지도교수이며, 챗GPT, 코파일럿을 비롯한 인공지능콘텐츠 강사로 활동하고 있다. 또한 생성형 AI를 활용한 동화책 제작과 영상 제작 강의를 진행하며 작가로도 활동 중이다. 저서로는 AI를 활용한 동화책 '인간의 위대한 탄생'이 있다.

(jungmi31222@gmail.com)

문 오 영

AI와 예술을 아우르는 아트 크리에이터 동화 작가로 디지털융합교육원 선임연구원이며 미디어창업뉴스 객원기자, ESG 지도자, 구글 웍스 활용 전문가 등 다양한 활동을 하고 있다. 저서로는 '터닝포인트로 퀀텀점프하라', '세상에서 가장 쉬운 신중년을 위한 AI 가이', '내 손 안의 AI 스튜디오', '광고하지 말고 언론하라!'가 있다. (namul5050@gmail.com)

손 종 열

29년 경력의 독일 현지 법인에 CFO로 재직중이며, 디지털융합연구원 연구원 및 지도교수로 활동하면서 인공지능 콘텐츠, AI 크리에이터, 프롬프트 엔지니어 자격증을 보유하고, AI 기술과 경영을 융합한 전략적 분야에 집중하고 있다.

(kassisew@gmail.com)

유 양 석

유양석 작가는 AI와 디지털 콘텐츠 전문가이다. Vanderbilt University에서 프롬프트 엔지니어링 과정을 수료했다. 생성형 AI 프롬프트 엔지니어로서 강의하고 있다. '생성형 AI 활용 생산성 향상'과, '디지털 아티스트 틱톡 스티커 디자인의 시작'을 출간했다. (pillip012@naver.com)

공저자 소개

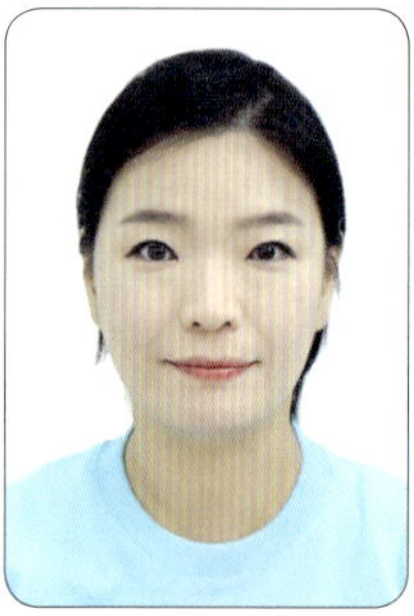

최 귀 숙

온라인광고대행사 16년 근무, 온라인마케팅·컴퓨터활용·스마트폰·OA 강사로 활동 중이다. 또한 디지털융합교육원 챗GPT 및 생성형 AI 강사로도 활동하고 있다. 그 외 대한노인회 제주지부 노인대학원·자기주도학습센터 강사 및 자기경영연구소 프레젠테이션 리더쉽 강사로 활동 중이다. 2024년 AI부산국제영화제 작품을 출품했다. (nimtwo@naver.com)

최 연 서

서울과학기술대학교 문예창작과를 졸업하고 서울과학기술대학교 홍보 대사로 활동 중이다. 또한 디지털융합교육원 선임연구원이며 이전에는 지프자동차 근무이력이 있다. (vio1e_t@naver.com)

감 수 자

김 진 선

'i-MBC 하나더 TV 매거진' 발행인, 세종 대학교 세종 CEO 문학포럼 지도교수를 거쳐 현재 (사)한국AINFT협회 이사장, 파이낸스투데이 전문위원/이사, SNS스토리저널 대표로서 활동 중이다. 30여 년간 기자로서의 활동을 바탕으로 출판 및 뉴스크리에이터 과정을 진행하고 있다.

(hisns1004@naver.com)

Contents

CHAPTER 1

AI를 활용한 상품 기획, 판매 그리고 마케팅

Contents

Contents

Contents

Contents

1

AI를 활용한 상품 기획, 판매 그리고 마케팅

강 미 숙

제1장
AI를 활용한 상품 기획, 판매 그리고 마케팅

Prologue

21세기에 들어서며 디지털 혁신은 기업들이 상품을 기획하고 마케팅하는 방식에 지대한 영향을 미쳤다. 과거에는 시장 조사와 소비자 분석이 주로 경험과 직관에 의존했다면, 이제는 인공지능(AI)의 등장으로 그 풍경이 완전히 바뀌었다. AI는 방대한 양의 데이터를 실시간으로 분석해 트렌드를 예측하고, 고객의 니즈를 정확하게 파악하며, 그에 맞춘 상품을 기획하고 판매할 수 있는 새로운 길을 열어주고 있다.

이 책은 AI를 활용한 상품기획과 그 상품을 효과적으로 시장에 내놓아 판매하고, 성공적인 마케팅을 통해 수익을 극대화하는 방법에 관해 설명하고자 한다. AI는 이제 선택이 아닌 필수적인 도구가 됐으며, 이를 효과적으로 활용하는 기업만이 치열한 경쟁 속에서 생존할 수 있다.

첫 장에서는 AI를 통해 어떻게 시장을 조사하고 트렌드를 분석할 수 있는지 알아본다. 정확한 시장 조사는 성공적인 상품 기획의 첫걸음이며, AI는 이를 더욱 효율적이고 정밀하게 만들어준다. 이어지는 장에서는 AI를 활용한 창의적인 상품 아이디어 발굴 및 기획 방법을 소개한다. 이 과정에서 고객의 피드백과 리뷰를 분석해 제품을 개선하는 방법 그리고 AI 기반의 가설 검증을 통해 상품의 성공 가능성을 높이는 전략을 다룬다.

[그림1] 챗 GPT가 생성한 이미지

딥러닝의 아버지, 'Geoffrey Hinton(제프리 힌튼)'은 "AI가 제공하는 약속은 인간의 일자리를 대체하는 것이 아니라, 인간의 능력을 증강시키고 이전에는 상상할 수 없었던 일을 할 수 있게 하는 데 있다"라고 말했다.

스탠퍼드 대학교 컴퓨터 과학 교수, 'Fei-Fei Li(리페이페이)'는 "AI의 사명은 사람들을 대체하는 것이 아니라 그들을 강화하는 것이다. 우리는 AI가 모두에게 포괄적이고 접근할 수 있도록 해야 한다"라고 말했다

AI는 단순히 상품 기획에서 그치는 것이 아니다. AI를 통한 동적 가격 책정과 고객 행동 분석을 통해 판매 전략을 최적화할 수 있으며, 개인화 마케팅과 소셜 미디어 분석을 통해 효과적인 마케팅 캠페인을 수행할 수 있다. 마지막으로 AI를 이용한 판매 데이터 분석과 전략 최적화를 통해 지속적인 성장을 모색하는 방법을 제시한다.

이 책을 통해 독자들은 AI가 어떻게 현대 비즈니스의 핵심 도구로 자리 잡았는지 그리고 이를 통해 어떻게 혁신적인 상품 기획과 마케팅 전략을 수립할 수 있는지를 배우게 될 것이다. 디지털 시대의 급격한 변화 속에서, AI는 기업의 성패를 좌우하는 중요한 요소이며, 이 책은 그 활용법을 체계적으로 안내하는 가이드가 될 것이다.

1. AI를 통한 시장 조사와 트렌드 분석

디지털 시대의 도래와 함께 시장 조사와 트렌드 분석의 방법론은 혁신적인 변화를 맞이했다. 과거의 시장 조사는 주로 설문 조사, 인터뷰 그리고 기존 데이터의 분석에 의존했지만, 이러한 방법들은 시간이 많이 소요되고 결과의 정확성도 제한적일 수밖에 없었다. 그러나 인공지능(AI)의 발전으로 인해 이제 기업들은 방대한 양의 데이터를 실시간으로 분석하고, 더욱 정교하고 신속한 시장 조사와 트렌드 분석을 수행할 수 있게 됐다.

AI를 활용한 시장 조사는 데이터 수집과 분석의 효율성을 극대화하며, 다양한 데이터 소스로부터 얻은 정보를 통합해 심층적인 인사이트를 도출할 수 있다. 이를 통해 기업들은 소비자 행동의 미세한 변화를 감지하고,

빠르게 변화하는 시장의 트렌드를 예측할 수 있다. 특히 AI는 전통적인 방법으로는 접근하기 어려운 비정형 데이터를 분석하는 데 강점을 갖고 있어 소셜 미디어, 온라인 리뷰, 검색 패턴 등에서 추출된 데이터를 통해 소비자 니즈와 시장의 흐름을 보다 정확하게 파악할 수 있다.

이 장에서는 AI를 활용한 시장 조사와 트렌드 분석의 주요 방법론을 살펴보고, 이러한 기술이 어떻게 기업의 전략적 의사결정에 이바지할 수 있는지를 논의할 것이다. AI 기반의 시장 조사가 제공하는 경쟁 우위와 이를 실현하기 위한 구체적인 도구와 기술을 소개함으로써 독자들이 실제 비즈니스 환경에서 이러한 기술을 효과적으로 활용할 수 있도록 안내할 것이다.

1) AI를 활용한 시장 조사 방법

AI를 활용한 시장 조사는 기존의 방법보다 훨씬 더 빠르고 정밀하게 데이터를 수집하고 분석할 수 있다. AI 기술은 웹 크롤링, 자연어 처리(NLP), 머신 러닝 등의 기법을 통해 다양한 데이터 소스에서 유용한 정보를 추출해낸다. 웹 크롤링은 웹사이트에서 정보를 자동으로 수집하는 과정으로 특정 키워드나 주제와 관련된 최신 데이터를 실시간으로 확보할 수 있게 한다. 자연어 처리는 텍스트 데이터를 분석해 감정 분석, 키워드 추출 등을 통해 소비자의 의견과 태도를 파악하는 데 사용된다. 머신 러닝은 과거의 데이터를 학습해 미래의 소비자 행동이나 시장 트렌드를 예측하는 데 활용된다.

(1) 아이지에이웍스(IGAWorks) - 모바일 앱 분석 및 마케팅 도구

아이지에이웍스(IGAWorks)는 한국 시장에서 매우 널리 사용되는 빅데이터 기반의 마케팅 및 분석 도구이다. 이 도구를 통해 모바일 앱과 관련된 사용자 행동 분석, 시장 조사 그리고 마케팅 캠페인의 효과를 분석할 수 있다.

(2) AI Hub - 한국정보화진흥원(NIA) 제공의 AI 데이터 세트 및 분석 플랫폼

AI Hub는 한국에서 개발된 다양한 AI 모델과 데이터 셋을 제공하는 플랫폼으로 자연어 처리, 이미지 분석 등 다양한 AI 연구와 개발을 지원한다.

(3) KoBERT - 카카오브레인의 한국어 자연어 처리 모델

KoBERT는 한국어로 작성된 텍스트 데이터를 분석할 수 있는 자연어 처리 모델로 트렌드 분석과 시장 조사를 위한 텍스트 분석에 유용하게 사용된다. 이러한 도구들은 한국에서 편리하게 접근할 수 있으며 시장 조사 및 트렌드 분석에 효과적으로 활용될 수 있다.

(4) 네이버 데이터랩

네이버 데이터랩(Naver Data Lab)은 한국에서 사용 가능한 강력한 데이터 분석 도구로 특히 트렌드 분석과 시장 조사에 유용하다. 네이버의 검색 데이터를 기반으로 다양한 카테고리의 트렌드를 분석할 수 있으며 특정 키워드의 검색량 변화, 인기 검색어, 관심사 등을 파악할 수 있다. 이 도구는 한국 시장에서 특히 유용하며 데이터 기반의 인사이트를 제공하는 데 큰 도움이 된다.

① 네이버 데이터랩의 주요 기능

- 검색어 트렌드 분석: 특정 기간 동안의 검색어 트렌드를 분석해 소비자 관심사의 변화나 특정 키워드의 인기를 파악할 수 있다.

• 카테고리별 트렌드: 패션, 금융, IT 등 다양한 카테고리에 대한 트렌드를 한눈에 볼 수 있다.
• 쇼핑 인사이트: 네이버 쇼핑 데이터를 기반으로 상품별, 카테고리별 판매 트렌드를 분석할 수 있다.

② 네이버 데이터랩 사용 예시

특정 제품이나 서비스에 대한 소비자의 관심이 언제, 어떻게 변화하는지를 파악해 마케팅 전략을 세울 수 있다. 검색어와 관련된 트렌드를 분석해 시장 진입 시기를 조율하거나 제품 개발 방향을 설정할 수 있다.

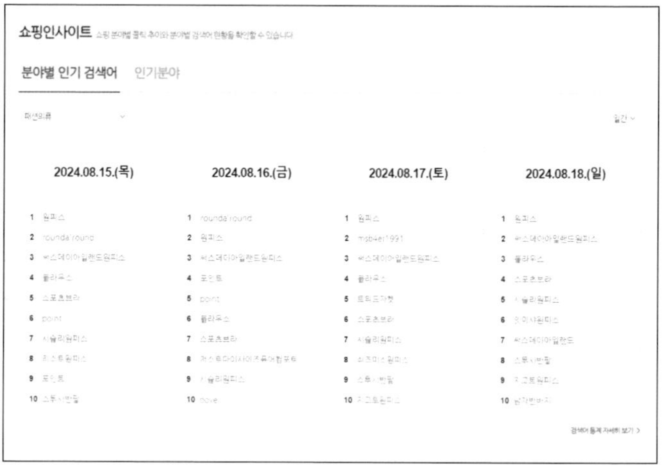

[그림2] 네이버 데이터랩 분야별 인기 검색어 찾기

[그림3] 네이버 데이터랩 분야별 인기 분야 찾기

2) 트렌드 예측 및 분석 도구

트렌드 예측과 분석을 위해 다양한 AI 도구들이 활용된다. Google Trends와 데이터랩 같은 전 세계적 또는 한국에서 어떤 검색어가 인기를 끌고 있는지를 보여주며, 이러한 데이터를 기반으로 트렌드를 예측할 수 있다. 또한 AI 기반의 소셜 미디어 분석 도구는 사용자 생성 콘텐츠(UGC)를 분석해 최신 트렌드를 파악한다. 이러한 도구들은 텍스트 분석과 이미지 인식을 통해 소비자들이 어떤 제품이나 서비스를 선호하는지를 실시간으로 분석할 수 있다. 데이터 시각화 도구와 결합하면, 이러한 트렌드 분석 결과를 이해하기 쉽게 시각적으로 표현할 수 있다.

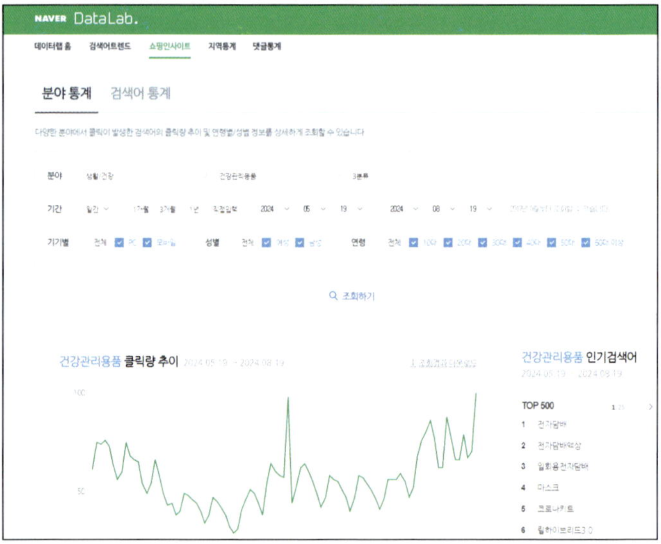

[그림4] 네이버 데이터 랩 분야별 인기 검색어 찾기

[그림5] 네이버 데이터랩 쇼핑인 사이트 분야통계

3) 고객 니즈 파악을 위한 AI 도구 활용

AI 도구를 활용하면 고객의 숨겨진 니즈를 보다 정확하게 파악할 수 있다. 예를 들어, CRM(Customer Relationship Management) 시스템 또는 네이버 데이터랩의 엑셀 파일을 챗 GPT에 파일을 직접 업로드해서 자연어 기반으로 원하는 데로 분석 할 수있다. AI와 통합하면 고객의 과거 구매 패턴, 웹사이트 방문 기록, 소셜 미디어 활동 등을 분석해 개별 고객의 선호도와 요구 사항을 예측할 수 있다.

또한 AI 챗봇은 고객과의 상호작용을 통해 실시간으로 피드백을 수집하고, 이를 분석해 고객이 원하는 것이 무엇인지를 신속하게 파악할 수 있다. 이러한 AI 도구들은 기업이 고객 중심의 전략을 수립하고, 맞춤형 마케팅 캠페인을 계획하는 데 필수적인 역할을 한다.

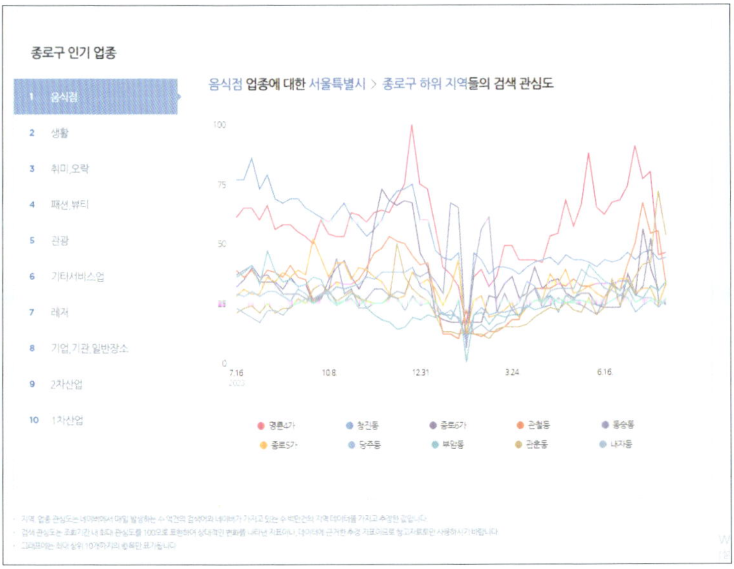

[그림6] 네이버 데이터랩 쇼핑인 사이트 분야통계

2. AI를 이용한 상품 아이디어 발굴 및 기획

상품 아이디어의 발굴과 기획은 성공적인 제품 개발의 핵심 단계이다. 과거에는 이 과정이 주로 경험과 직관에 의존했으나, 인공지능(AI)의 발전으로 인해 이제는 데이터 기반의 더 창의적이고 정밀한 접근이 가능해졌다. AI는 방대한 양의 데이터를 분석해 소비자의 숨겨진 니즈를 파악하고, 시장에서의 기회를 발견하는 데 도움을 준다.

AI를 활용한 상품 아이디어 발굴은 다양한 데이터 소스에서 얻은 정보를 바탕으로 새로운 아이디어를 생성한다. 예를 들어, 소셜 미디어와 온라인 리뷰에서 소비자들의 의견을 분석하고, 그들의 불만이나 개선 요구를 파악해 제품 개발에 반영할 수 있다. 또한 AI는 트렌드 분석을 통해 시장에서 어떤 제품이 인기를 끌 가능성이 있는지를 예측할 수 있으며, 이를 바탕으로 혁신적인 상품 아이디어를 도출할 수 있다.

기획 단계에서도 AI는 중요한 역할을 한다. AI 기반의 가설 검증과 시뮬레이션을 통해 상품 아이디어의 성공 가능성을 사전에 평가할 수 있다. 이는 제품 출시 전 리스크를 줄이고, 성공 확률을 높이는 데 큰 도움이 된다. 결과적으로, AI를 활용한 상품 아이디어 발굴과 기획은 기업이 더 경쟁력 있고 차별화된 제품을 시장에 출시할 수 있도록 지원한다.

1) AI를 활용한 창의적 상품 아이디어 생성

AI는 혁신적인 상품 아이디어를 발굴하는 데 큰 도움이 된다. 예를 들어, AI는 소셜 미디어 게시물, 온라인 리뷰, 검색 데이터 등 다양한 출처에서 수집된 데이터를 분석해 사람들이 현재 무엇을 필요로 하고 어떤 문제를 겪고 있는지를 파악한다. 이런 분석을 통해 기업은 새로운 아이디어를 얻고, 시장에서 실제로 필요한 상품을 기획할 수 있다. AI는 또한 과거의 성공적인 상품과 실패한 사례들을 분석해 어떤 아이디어가 성공할 가능성이 큰지를 예측하는 데도 사용된다. 이렇게 AI를 활용하면 보다 효율적이고 창의적인 방식으로 상품 아이디어를 발굴할 수 있다.

① AI 기반 시장 조사 및 분석

프롬프트의 BEST와 정답은 없다. 하지만 여러 사업에 통용하기 좋은 추천 프롬프트는 다음과 같다.

```
#명령문
-당신은 [시장조사 전문가]입니다.
-[000 상품군]에 대한 트렌드, 경쟁사 분석, 시장 세분화 및 소비자 반응 등의 정보를 제공합니다.
-명령문의 주제를 기반으로 적합한 데이터를 수집하고 분석하여 [비즈니스 아이디어] 구상하세요

#제약조건
- 아래 도출 과정에 따라 작업을 진행해주세요.
-목차에 따라 실시해 주시해주세요.
- 반드시 검색을 활용하세요.
-분석결과를 바탕으로 비즈니스 전략을 구상하세요.

#도출과정
1. 먼저 주제와 관련한 시장에 대한 2024년 자료를 검색한다.
2. 주제의 2024년 트렌드, 가격을 검색한다.
3. 경쟁사에 대한 정보를 검색한다.
4. 주제에 대한 사람들의 인식에 대해 검색한다.
5. 검색 결과를 바탕으로 비즈니스 전략을 구상한다.

#출력문
```

[그림7] 출처 김보성 지도교수 'AI 기반 시장 조사'

ㄱ. 목표 시장 정의: 어떤 시장을 타겟으로 할 것인지 명확히 정의한다. 나이, 성별, 소득 수준, 지역 등 구체적인 인구 통계적 특성을 파악한다.

ㄴ. 고객 니즈 파악 : 설문 조사, 인터뷰, 포커스 그룹, 소셜 미디어 분석 등을 통해 고객의 요구와 불만 사항을 수집한다.

ㄷ. 경쟁사와 차별성 확보 : 경쟁 제품의 강점과 약점을 분석하고, 자사의 차별화 요소를 찾아냅니다.

ㄹ. 트렌드 분석: 산업 동향, 기술 발전, 사회적 변화 등을 고려해 미래의 트렌드를 예측한다.

② 아이디어 발굴 및 검토

ㄱ. 챗 GPT에게 다음과 같은 명령문을 입력하면 인기 트렌드 분석도 해주고 상품 추천도 해준다.

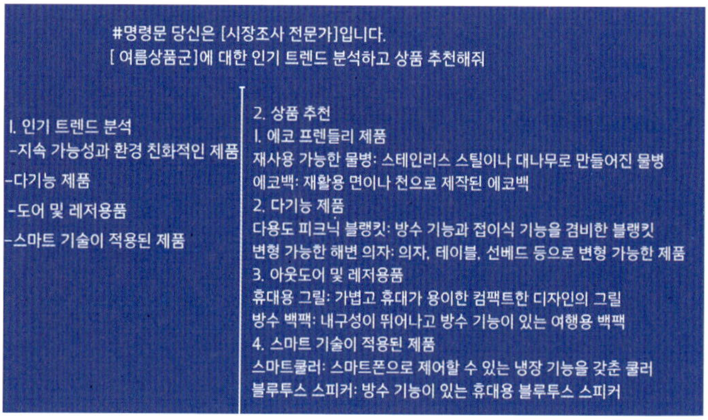

[그림8] 프롬프트로 챗GPT의 2024년 여름 상품에 대한 인기 트랜드 분석

ㄴ. 콘셉트 개발: 제시된 아이디어 중 시장의 요구를 충족시키고, 회사의 역량과 일치하는 것을 선정해 구체적인 콘셉트를 개발한다.

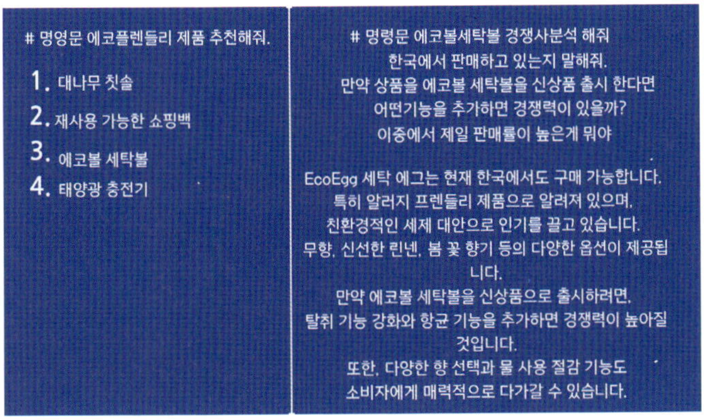

[그림9] 경쟁사 분석과 신상품 틈새시장 특화 전략

ㄷ. AI 블렌딩 및 경쟁 문구 그리고 이미지를 생성한다.

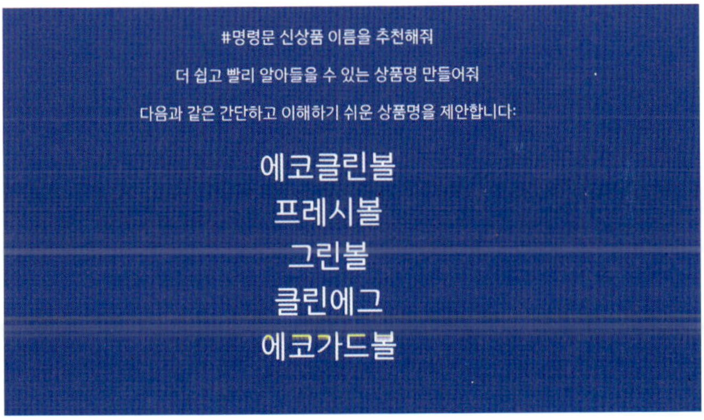

[그림10] AI 블랜딩하기

#명령문 에코클린볼이 상품명으로 좋은데 경쟁사 이미지 기반으로 그려줘.

상품명 "에코클린볼"의 경쟁력 있는 이미지를 구축하기 위해 다음과 같은 요소를 고려해보세요:
친환경성 강조: 제품의 재료와 사용 방식이 환경에 미치는 영향을 최소화한다는 점을 강조합니다.
간편함과 실용성: 사용이 쉽고 세탁 효율이 높다는 점을 부각시킵니다.
항균 및 탈취 기능: 세균을 제거하고 세탁물에 신선한 향을 더하는 기능을 포함시킵니다.
심플한 디자인: 깔끔하고 현대적인 디자인으로, 시각적으로도 친환경적인 이미지를 전달합니다.

[그림11] 상품에 대한 이미지 구축 카피 만들기

[그림12] 챗 GPT로 이미지 생성하기

ㄹ. 타당성 검토: 기술적, 경제적, 법적 측면에서의 타당성을 검토한다.

* 법적 타당성을 고려할 때 다음의 주요 요소를 신중히 검토해야 한다.

- 특허 및 상표권 '에코클린볼'과 관련된 이름, 로고, 디자인 등이 이미 등록된 특허나 상표권을 침해하지 않는지 반드시 확인해야 한다.
- 환경 규제 준수: 제품이 친환경적인지, 관련 환경 규제를 준수하는지 검토해야 한다. 특히 화학물질 사용과 폐기물 관리에 대한 규제가 중요한다.
- 소비자 보호법: 제품의 광고와 라벨링이 오해를 일으키지 않도록 정확하고 투명하게 표시돼야 하며, 안전성과 효능에 대한 과장된 주장이 없어야 한다.
- 수출입 규제: 해외 시장에서 판매할 경우 해당 국가의 수입 규제 및 안전 기준을 충족해야 한다.
- 책임 보험: 제품 결함이나 사용 중 발생할 수 있는 문제에 대비해 책임 보험을 고려하는 것이 중요하다.

이 모든 법적 고려 사항을 철저히 검토하고 준수해야만 시장에서 안정적으로 제품을 출시하고 판매할 수 있다.

2) 고객 피드백과 리뷰 분석을 통한 제품 개선점 도출

제품이 시장에 출시된 후, 고객들은 다양한 의견과 피드백을 남긴다. AI는 이러한 피드백과 리뷰를 분석해 제품의 강점과 약점, 개선이 필요한 부분을 신속하게 파악할 수 있다. 예를 들어, AI는 수천 개의 리뷰를 자동으로 분석해 소비자들이 자주 언급하는 문제점을 찾아내고, 그 문제를 해결하기 위한 개선점을 도출할 수 있다. 이를 통해 기업은 고객의 실제 요구에 더 잘 맞는 제품을 만들 수 있으며 소비자 만족도를 높일 수 있다.

3) 상품 콘셉트 테스트와 AI 기반의 가설 검증

새로운 상품 아이디어가 실제로 시장에서 성공할 가능성이 있는지 확인하는 것은 매우 중요한다. AI는 가상 시뮬레이션을 통해 이러한 상품 콘셉트를 테스트할 수 있게 해준다. 예를 들어, AI는 가상 환경에서 다양한 소비자 그룹의 반응을 시뮬레이션해, 어떤 상품 콘셉트가 가장 긍정적인 반응을 얻을 수 있는지를 분석한다. 또한 AI는 과거 데이터와 패턴을 바탕으로 새로운 상품이 시장에서 어떻게 반응할지에 대한 가설을 세우고 이를 검증할 수 있다. 이러한 과정은 제품 개발 과정에서 리스크를 줄이고, 성공 가능성을 높이는 데 큰 도움을 준다.

3. AI를 이용한 가격 책정 및 판매 전략

디지털 시대의 경쟁이 심화됨에 따라 기업들은 더욱 정교하고 실시간으로 반응하는 가격 책정 및 판매 전략을 필요로 하고 있다. AI는 이러한 요구에 부응하며 기업이 시장 변화에 신속하게 대응하고 고객의 행동을 예측하며, 판매 전략을 최적화하는 데 핵심적인 역할을 하고 있다.

먼저, AI를 통한 동적 가격 책정은 기업이 시장 상황과 경쟁자의 가격 변동 그리고 소비자의 수요 변화를 실시간으로 분석해 최적의 가격을 설정할 수 있도록 도와준다. 전통적인 가격 책정 방식은 주로 고정된 가격을 설정한 후, 일정 기간 유지하는 방식이었다. 그러나 AI를 활용하면 실시간 데이터를 바탕으로 가격을 유동적으로 조정할 수 있다. 예를 들어, 특정 제품의 수요가 급증할 때 가격을 자동으로 올리거나, 재고가 남아있을 경우 할인 가격을 제안하는 방식으로 판매를 촉진할 수 있다. 이러한 동적 가격 책정 모델은 기업의 매출을 극대화하고, 수익성을 높이는 데 큰 도움이 된다.

고객 행동 분석을 통한 가격 최적화 역시 AI의 중요한 기능 중 하나이다. AI는 고객의 과거 구매 기록, 웹사이트 방문 패턴, 장바구니에 담긴 상품 등을 분석해 특정 고객이 어떤 가격대에 민감한지를 파악할 수 있다. 이를 통해 개인화된 가격 제안을 하거나, 특정 제품의 가격을 조정해 판매를 촉진할 수 있다. 예를 들어, 과거에 특정 제품을 반복적으로 구매한 고객에게는 할인 쿠폰을 제공해 재구매를 유도하거나, 비슷한 제품을 추천하는 전략을 사용할 수 있다. 이러한 고객 맞춤형 가격 전략은 고객 만족도를 높이고, 충성도를 강화하는 데 효과적이다.

마지막으로, 온라인과 오프라인 판매 전략의 통합에서도 AI는 중요한 역할을 한다. 현대의 소비자들은 온라인과 오프라인을 넘나들며 쇼핑을 하기 때문에 일관된 판매 전략이 필요한다. AI는 두 채널에서의 데이터를 통합 분석해 어디서든지 최적의 가격과 상품 제안을 할 수 있게 도와준다. 예를 들어, 고객이 온라인에서 특정 제품을 검색하거나 장바구니에 담아 두었다가 구매하지 않았다면 오프라인 매장에서 해당 제품에 대한 특별 할인 제안을 받을 수 있도록 하는 식이다. 또한 AI는 재고 관리와 공급망 최적화에도 활용돼 각 판매 채널에서의 수요에 맞춘 적절한 재고 수준을 유지할 수 있도록 지원한다.

결론적으로, AI를 이용한 가격 책정 및 판매 전략은 기업이 더욱 민첩하고 개인화된 방식으로 시장에 대응할 수 있게 하며, 이를 통해 매출을 극대화하고 고객 만족도를 높이는 데 이바지한다. 이러한 기술은 경쟁이 치열한 현대 시장에서 기업이 생존하고 성장하는 데 필수적인 도구가 되고 있다.

1) AI를 통한 동적 가격 책정 모델 구축

동적 가격 책정(Dynamic Pricing)은 시장 상황, 수요, 경쟁자의 가격 변동 등을 실시간으로 분석해 가격을 유동적으로 조정하는 전략이다. AI는 이러한 동적 가격 책정을 효과적으로 구현하는 데 필수적인 역할을 한다. AI 알고리즘은 대규모 데이터를 분석해 특정 상품이나 서비스에 대한 최적의 가격을 실시간으로 제안할 수 있다. 예를 들어, 항공사나 호텔에서는 AI를 활용해 특정 시점의 예약 수요를 예측하고, 이에 따라 가격을 조정해 최대 수익을 추구한다. 이처럼 AI를 통한 동적 가격 책정 모델은 기업이 시장 변화에 빠르게 대응하고 수익성을 극대화할 수 있도록 돕는다.

2) 고객 행동 분석을 통한 가격 최적화

AI는 고객의 과거 구매 이력, 웹사이트 방문 기록, 검색 패턴 등을 분석해 고객의 가격 민감도와 구매 의도를 파악할 수 있다. 이러한 데이터를 기반으로 AI는 개인화된 가격 전략을 수립할 수 있다. 예를 들어, 특정 고객이 자주 구매하는 상품에 대해 특별 할인을 제공하거나 장바구니에 오랫동안 담겨 있는 상품에 대해 구매를 유도하는 가격 제안을 할 수 있다. 이처럼 고객 행동을 분석해 최적의 가격을 설정함으로써 기업은 판매를 촉진하고 고객 만족도를 높일 수 있다.

3) 온라인과 오프라인 판매 전략 통합

현대 소비자들은 온라인과 오프라인 채널을 모두 활용해 쇼핑하므로 이 두 채널 간의 일관된 가격 정책과 판매 전략이 중요하다. AI는 온라인과 오프라인에서 발생하는 데이터를 통합 분석해 고객이 어떤 경로로 구매를 진행하든 최적의 가격과 제품 제안을 받을 수 있도록 한다. 예를 들어, 온라인에서 특정 제품을 관심 목록에 추가한 고객이 오프라인 매장을 방문했을 때 해당 제품에 대한 맞춤형 할인 혜택을 제공할 수 있다. 또한 AI는 양 채널의 재고 관리와 공급망 최적화에도 도움을 줘 효율적인 운영을 지원한다. 이를 통해 기업은 통합된 판매 전략을 수립하고, 고객 경험을 향상시킬 수 있다.

4. AI 기반의 마케팅 전략 수립

디지털 혁명이 가속화되면서 마케팅 분야도 급격한 변화를 맞이하고 있다. AI(인공지능)는 이러한 변화의 중심에 있으며, 기업들이 더 정교하고 효과적인 마케팅 전략을 수립하는 데 필수적인 도구로 자리 잡았다. AI는 방대한 양의 데이터를 실시간으로 분석해 소비자 행동을 예측하고 개인화된 마케팅 캠페인을 자동으로 생성하며, 성과를 지속적으로 최적화하는 데 이바지한다.

먼저, AI를 활용한 마케팅 캠페인 기획은 마케팅 전략 수립의 첫 단계에서 큰 역할을 한다. AI는 소비자 데이터를 분석해 특정 타깃 그룹의 관심사와 행동 패턴을 파악하고, 이에 맞춘 맞춤형 캠페인을 제안한다. 예를 들어, AI는 소셜 미디어, 검색 기록, 구매 이력 등을 분석해 개별 고객이 어떤 콘텐츠에 관심을 가지는지, 어떤 시점에서 구매할 가능성이 높은지를 예측할 수 있다. 이러한 예측을 바탕으로 AI는 캠페인의 최적 타이밍과 채널을 결정하고, 관련된 콘텐츠를 자동으로 생성해 고객에게 전달한다. 이로써 기업은 보다 효율적이고 효과적인 마케팅 캠페인을 실행할 수 있다.

또한 개인화 마케팅과 추천 시스템은 AI의 강력한 기능 중 하나이다. 오늘날의 소비자들은 자신에게 맞춤형으로 제공되는 콘텐츠와 제품을 더 선호한다. AI는 각 소비자의 데이터를 분석해 그들의 선호도를 정확하게 파악하고, 그에 따라 개인화된 제품 추천과 마케팅 메시지를 제공한다. 예를 들어, e커머스 플랫폼에서 AI는 고객의 이전 구매 내역과 탐색 기록을 분석해 그들이 관심을 가질 만한 상품을 추천하거나, 특별 할인 정보를 제공할 수 있다. 이러한 개인화된 접근은 고객의 참여도를 높이고 재구매율을 증대시키는 데 큰 효과를 발휘한다.

마지막으로, 소셜 미디어 분석 및 트렌드 예측은 AI를 활용한 마케팅 전략 수립에서 중요한 요소이다. AI는 소셜 미디어에서 발생하는 방대한 양의 데이터를 실시간으로 분석해, 현재 또는 미래의 트렌드를 예측할 수 있다. 예를 들어, 특정 해시태그나 키워드가 급격히 증가하는 패턴을 감지해 그것이 새로운 트렌드로 이어질 가능성을 평가할 수 있다. 이를 바탕으로 기업은 빠르게 변화하는 소비자 취향에 대응해 마케팅 전략을 조정하고, 트렌드에 맞춘 제품이나 서비스를 선보일 수 있다.

결론적으로, AI 기반의 마케팅 전략 수립은 기업이 더욱 정교하고 개인화된 마케팅 활동을 전개할 수 있도록 돕는다. AI는 데이터를 실시간으로 분석하고 소비자 행동을 예측하며, 효율적으로 자원을 배분해 마케팅 캠페인의 효과를 극대화한다. 이로 인해 기업은 경쟁이 치열한 시장에서 차별화된 가치를 제공하고 장기적인 성장을 달성할 수 있다.

1) AI를 활용한 마케팅 캠페인 기획

AI는 마케팅 캠페인 기획의 효율성을 크게 향상시킨다. 전통적인 마케팅에서는 소비자 데이터를 분석하고 타겟 그룹을 정의하며, 캠페인을 기획하는 데 많은 시간과 자원이 소요됐다. 그러나 AI를 활용하면 이 모든 과정을 자동화하고 최적화할 수 있다. 예를 들어, AI는 대규모 데이터를 실시간으로 분석해 특정 소비자 그룹의 행동 패턴과 관심사를 파악한다.

이를 바탕으로 AI는 어떤 메시지나 콘텐츠가 가장 효과적일지를 예측하고, 최적의 타이밍과 채널을 제안해 캠페인을 자동으로 기획할 수 있다. 이렇게 AI를 활용하면 마케팅 캠페인이 더 정교하고 타깃화되며, 결과적으로 높은 참여율과 ROI를 달성할 수 있다.

(1) AI 도구 및 플랫폼 소개

다음은 한국에서 사용할 수 있는 AI 기반 마케팅 도구와 플랫폼이다.

① Naver Analytics

네이버에서 제공하는 웹사이트 분석 도구로, 한국 사용자들의 웹사이트 방문 데이터를 분석할 수 있다.

② 카카오톡 비즈니스

카카오톡 플랫폼을 통해 AI 기반 메시지 마케팅, 고객 관리, 광고 등을 쉽게 할 수 있는 도구이다.

③ 아임웹

한국어 지원이 잘 되는 웹사이트 빌더로, AI 기반의 고객 데이터 분석과 마케팅 기능을 제공한다.

④ Trello + Butler

Trello의 작업 관리 도구에 AI 기반의 자동화 기능을 추가해 마케팅 업무를 효율적으로 관리할 수 있다.

⑤ 와이즈넛 (WISEnut)

한국의 AI 솔루션 기업으로, 자연어 처리 기반의 챗봇과 검색 솔루션을 제공해 고객 상호작용을 개선할 수 있다.

이러한 도구와 플랫폼은 한국어 지원이 잘 돼 있으며, 한국 시장에 최적화된 마케팅 활동을 수행하는 데 유용하다.

[그림13] wisenut 플랫폼 홈페이지

[그림14] AI 도구 및 플랫폼

(2) AI 기반의 인기 마케팅 도구

한국에서 가장 많이 사용하는 AI 기반 마케팅 도구로는 다음과 같은 것들이 있다.

① Google Ads

- 기능: 한국에서도 Google Ads는 매우 널리 사용되는 도구로, 검색 광고, 디스플레이 광고, 유튜브 광고 등을 통해 다양한 마케팅 캠페인을 운영할 수 있다.
- 특징: 한국 시장에서 강력한 타겟팅 옵션과 실시간 데이터 분석을 통해 효율적인 광고 집행이 가능하다.

② Naver 광고 플랫폼

- 기능: 한국에서 Naver는 가장 많이 사용되는 포털 사이트로, Naver 광고 플랫폼은 키워드 광고, 디스플레이 광고, 쇼핑 검색 광고 등을 제공한다.
- 특징: 한국 사용자의 검색 및 소비 행동에 대한 깊이 있는 분석과 타겟팅이 가능하다.

③ 카카오톡 비즈니스

- 기능: 카카오톡 비즈니스 플랫폼을 통해 메시지 마케팅, 채널 광고, 카카오톡 플러스친구 등을 활용할 수 있다.
- 특징: 카카오톡의 높은 사용률을 기반으로 강력한 타겟 마케팅을 실행할 수 있으며, 한국에서 매우 인기 있는 도구이다.

④ Facebook Ads

- 기능: Facebook과 Instagram을 포함한 소셜 미디어 광고 도구로, AI 기반 타겟팅과 캠페인 최적화를 제공한다.
- 특징: 한국에서도 젊은 층을 중심으로 매우 활발하게 사용되며, 다양한 타겟팅 옵션과 분석 기능을 제공한다.

⑤ Naver Analytics

- 기능: 한국 웹사이트의 방문자 데이터를 분석해 마케팅 전략을 수립하는 데 사용된다.
- 특징: Naver 검색 및 광고와 통합돼, 한국 시장에 최적화된 데이터 분석이 가능하다.

이 도구들은 한국 시장에서 널리 사용되며, 각각의 플랫폼이 제공하는 고유의 타깃팅 기능과 분석 도구를 통해 효과적인 마케팅 전략을 수립할 수 있다.

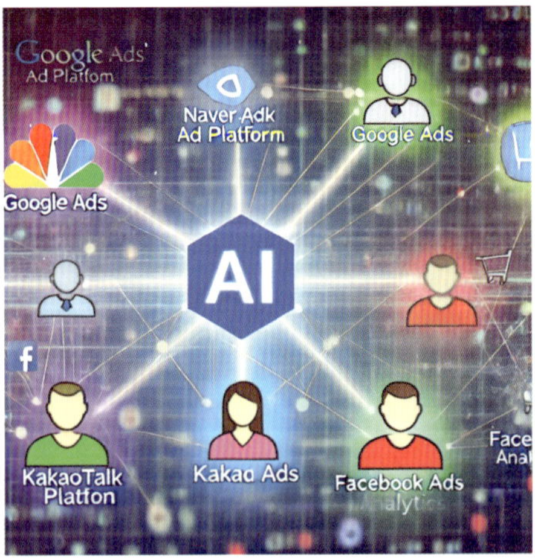

[그림15] AI 기반의 인기 마케팅 도구

(3) 도구 선택 가이드

다음은 AI 플랫폼 도구 선택 가이드이다.

플랫폼	주요 기능	사용 사례	장점	단점
Google Ads	• 검색 광고 • 디스플레이 광고 • 유튜브 광고 • 리마케팅 • 키워드 분석	• 새로운 고객 유치 및 브랜드 인지도 향상	• 강력한 타겟팅 옵션 • 실시간 입찰 시스템 • 유튜브와의 통합으로 동영상 광고 효과 극대화	• 높은 경쟁 키워드의 광고비 상승 • 초보자에게 어려울 수 있음
Naver 광고 플랫폼	• 키워드 광고 • 디스플레이 광고 • 쇼핑 검색 광고 • 모바일 광고	• 한국 시장 타겟팅	• 높은 노출률 확보 • 다양한 광고 포맷 지원 • 사용자 맞춤형 광고 가능	• 네이버 시스템에 대한 학습 필요 • 국제 확장성 낮음
KakaoTalk 비즈니스	• 플러스친구 • 메시지 마케팅 • 채널 광고 • 이모티콘 광고	• 젊은 층과의 소통	• 높은 사용자 기반 • 다양한 메시지 마케팅 옵션 • 감성적 소통 가능	• 주로 한국 시장에 국한 • 메시지 규제와 스팸 인식 가능성 존재
Facebook Ads	• 뉴스피드 광고 • 인스타그램 광고 • 리마케팅 • 동적 광고	• 소셜 미디어를 통한 브랜드 인지도 향상	• 세분화된 타겟팅 옵션 • 다양한 광고 형식 지원 • 인스타그램과 통합으로 젊은층 타깃팅 가능	• 광고비 증가 가능성 • 관리와 분석에 숙련도 필요

Naver Analytics	• 웹사이트 방문자 분석 • 트래픽 소스 분석 • 전환율 추적 • 사용자 행동 분석	• 한국 사용자 트래픽 분석 및 마케팅 전략 최적화	• 심층적인 한국 사용자 분석 가능 • 다양한 보고서와 대시보드 제공 • 무료 사용 가능	• 네이버 외 플랫폼 연동 제한 • 국제 시장 분석 한계

[표1] AI 플랫폼 도구 선택 가이드

2) 개인화 마케팅과 추천 시스템

오늘날 소비자들은 자신에게 맞춤형으로 제공되는 콘텐츠와 제품을 더 선호한다. AI는 개인화 마케팅의 핵심 기술로 소비자 각각의 행동 데이터를 분석해 개인화된 경험을 제공할 수 있게 한다. 예를 들어, AI는 고객의 이전 구매 기록, 탐색 이력, 선호도 등을 분석해 그들에게 가장 적합한 제품을 추천하거나, 특별 할인 정보를 제공할 수 있다. 이러한 추천 시스템은 고객이 필요로 하는 제품을 제때 제안함으로써 구매 가능성을 높이고, 고객 만족도를 극대화하는 데 이바지한다. 개인화 마케팅을 통해 기업은 고객의 충성도를 높이고, 장기적인 관계를 구축할 수 있다.

3) 소셜 미디어 분석 및 트렌드 예측

소셜 미디어는 현대 마케팅에서 중요한 역할을 하고 있으며 AI는 이러한 플랫폼에서 발생하는 방대한 데이터를 분석해 트렌드를 예측하는 데 뛰어난 능력을 발휘한다. AI는 특정 키워드, 해시태그, 소비자 반응 등을 분석해 현재의 트렌드를 파악하고, 이를 바탕으로 미래의 트렌드를 예측한다. 예를 들어, 특정 제품이나 브랜드에 대한 긍정적인 반응이 급증하는 패턴을 감지하면 기업은 이를 활용해 해당 제품을 중심으로 마케팅 전략을 강화할 수 있다.

또한 AI는 소셜 미디어에서의 고객 피드백을 분석해 브랜드 인지도를 향상시키고, 고객 참여를 유도하는 전략을 수립하는 데 도움을 준다. 이러한 AI 기반의 트렌드 예측은 기업이 빠르게 변화하는 시장 환경에 적응하고, 선제적인 마케팅 전략을 수립할 수 있도록 지원한다.

5. AI로 판매 데이터 분석 및 전략 최적화

오늘날의 비즈니스 세계는 데이터가 모든 것을 좌우하는 시대이다. 매일 생성되는 방대한 양의 판매 데이터를 제대로 분석하고 활용하는 기업만이 경쟁에서 앞서 나갈 수 있다. 그러나 이 모든 데이터를 단순히 저장하는 것만으로는 부족한다. 여기서 중요한 것은 이 데이터를 어떻게 해석하고 이를 통해 어떻게 전략을 최적화할 것인가이다. 바로 이 지점에서 AI(인공지능)가 게임 체인저로 등장한다.

AI는 단순히 데이터를 처리하는 도구가 아니다. 그것은 복잡한 판매 패턴을 분석하고 숨겨진 인사이트를 도출하며, 이를 바탕으로 최적의 전략을 제시하는 미래의 비즈니스 성공을 위한 비밀 무기이다. 예를 들어, AI는 과거의 판매 데이터를 분석해 특정 제품이 언제, 어디서 가장 잘 팔리는지를 예측할 수 있다. 이로 인해 기업은 재고 관리부터 마케팅 캠페인까지, 모든 면에서 더 나은 결정을 내릴 수 있게 된다.

또한 AI는 실시간으로 데이터를 분석하고, 시장의 변동에 따라 신속하게 전략을 조정할 수 있는 능력을 제공한다. 이는 곧, 변화무쌍한 시장 환경에서도 빠르게 대응할 수 있는 민첩성을 의미한다. AI의 분석을 통해 얻은 인사이트는 기존의 고정된 전략에서 벗어나 상황에 맞는 유연하고 효과적인 전략을 수립할 수 있게 한다. 이러한 접근은 고객의 요구에 더욱 빠르게 대응할 수 있게 하며 결국 더 높은 고객 만족도와 매출 증가로 이어진다.

AI를 활용한 판매 데이터 분석은 단순히 현재의 문제를 해결하는 것을 넘어 미래의 기회를 선제적으로 포착하는 데도 중요한 역할을 한다. AI는 잠재적인 시장 트렌드를 예측하고 이를 바탕으로 신제품 출시나 신규 시장 진출과 같은 전략적 결정을 내릴 수 있도록 돕는다. 이처럼 AI는 단순한 도구를 넘어 기업의 전략적 파트너로서 기능하며, 지속 가능한 성장의 길을 열어준다.

결론적으로, AI로 판매 데이터를 분석하고 전략을 최적화하는 것은 오늘날의 비즈니스 환경에서 더 선택이 아닌 필수이다. AI의 힘을 통해 얻은 인사이트와 민첩한 전략 조정 능력은 기업이 경쟁에서 앞서 나가고, 시장에서 성공을 거두는 데 결정적인 역할을 할 것이다. 지금이 바로 AI를 활용해 비즈니스를 한 단계 더 도약시킬 때이다.

1) 판매 데이터 수집 및 분석 도구 소개

현대 비즈니스에서 데이터는 새로운 금광과도 같다. 그러나 이 금광을 어떻게 파낼 것인가가 문제이다. 판매 데이터는 그 양과 복잡성 때문에 단순한 수작업으로는 처리하기 어렵다. 여기서 필요한 것이 바로 AI 기반의 데이터 수집 및 분석 도구들이다. 이 도구들은 웹사이트, 소셜 미디어, POS 시스템 등 다양한 채널에서 실시간으로 데이터를 수집하고, 이를 통합해 기업이 필요한 모든 정보를 손쉽게 제공해 준다. 이런 도구를 사용하면 복잡한 데이터도 한눈에 파악할 수 있는 시각화된 리포트를 생성할 수 있어 데이터를 더 직관적으로 이해하고 활용할 수 있다. 기업은 이렇게 수집된 데이터를 기반으로 더 나은 의사결정을 내릴 수 있게 된다.

2) AI를 통한 판매 패턴 분석과 인사이트 도출

데이터 수집이 끝났다면 이제는 그 데이터를 어떻게 활용할지 고민해야 한다. 이때 AI는 그 어떤 인간 분석가보다 빠르고 정확하게 데이터를 처리하고, 숨겨진 판매 패턴을 찾아낸다. 예를 들어, AI는 계절별로 어떤 제품이 가장 잘 팔리는지, 특정 지역에서 어떤 제품이 인기를 끄는지 등을 분석해낼 수 있다. 이런 인사이트는 단순한 매출 증대뿐만 아니라 마케팅 전략, 재고 관리, 제품 개발 등 모든 비즈니스 전략에 유용하게 활용될 수 있다. AI는 데이터를 분석하면서도 끊임없이 학습하기 때문에 시간이 지날수록 더욱 정교한 예측을 할 수 있다. 이처럼 AI는 기업이 경쟁에서 앞서 나갈 수 있도록 도와주는 강력한 파트너이다.

3) 성과 분석 및 개선 전략 수립

성공적인 기업 운영의 핵심은 무엇일까? 바로 지속적인 성과 분석과 개선이다. AI는 단순히 데이터를 분석하는 것을 넘어 이 데이터를 기반으로 성과를 평가하고, 개선할 수 있는 구체적인 전략을 제시한다. 예를 들어, AI는 매출 성장의 주요 요인을 분석하고, 어떤 부분에서 개선이 필요한지를 정확히 집어낸다. 또한 AI는 다양한 시나리오를 시뮬레이션해 특정 전략이 실행됐을 때 어떤 결과를 가져올지 예측할 수 있다. 이를 통해 기업은 리스크를 최소화하면서도 최대한의 성과를 낼 수 있는 전략을 수립할 수 있다.

결국, AI를 통한 성과 분석과 개선 전략 수립은 기업이 끊임없이 변화하는 시장 환경 속에서도 경쟁력을 유지하고, 나아가 지속 가능한 성장을 이루는 데 필수적인 과정이다. AI의 도움으로 미래의 성공을 위한 로드맵을 더 명확히 그릴 수 있게 될 것이다.

Epilogue

AI 시대의 문을 여는 당신에게!

우리는 지금 거대한 변화의 문턱에 서 있다. AI, 인공지능은 더 이상 공상과학 영화 속의 이야기가 아니다. 그것은 우리가 매일 사용하는 기술에 스며들어 있으며, 우리의 삶과 비즈니스 방식을 근본적으로 바꾸고 있다. 이 책을 통해 우리는 AI가 단순한 도구를 넘어, 어떻게 우리의 의사결정과 전략 수립의 중심에 서게 됐는지를 살펴보았다.

하지만 이제 중요한 질문이 남는다. 바로 당신은 이 변화를 어떻게 받아들이고, 활용할 것인가? AI는 그 자체로 중립적인 도구이다. 그것이 가져오는 혜택은 당신의 손에 달려 있다. AI를 통해 더 나은 결정을 내리고, 더 창의적인 아이디어를 발굴하며, 더 공정하고 투명한 세상을 만들 수 있다. 그러나 이러한 잠재력을 실현하기 위해서는 기술 그 이상을 이해해야 한다. AI의 윤리적 사용, 공정성, 투명성 그리고 사회적 책임을 고려한 접근이 필요하다.

이 책의 여정을 통해 AI가 우리에게 제공할 수 있는 무한한 가능성을 탐구했다면 이제는 그 가능성을 현실로 만드는 일만 남았다. AI는 단순히 미래를 예측하는 도구가 아니라 우리가 원하는 미래를 설계하고 실현하는데 필요한 힘을 제공한다. 당신이 그 가능성을 활용해 어떤 미래를 만들지 그것이야말로 진정 흥미로운 질문이다.

결국, AI 시대는 단순히 기술의 진보를 의미하는 것이 아니다. 그것은 우리 각자가 더 나은 세상을 만들 기회를 제공하는 시대이다. 이 책이 당신에게 영감을 주고 AI를 활용한 새로운 가능성에 대한 열정을 불러일으켰다면, 그것만으로도 이 책의 목적은 달성된 것이다.

이제, AI 시대의 주인공이 될 준비가 되었는가? 당신의 다음 발걸음이 이 놀라운 여정의 시작이 될 것이다. AI와 함께 우리는 더욱 혁신적이고 창의적인 미래를 향해 나아갈 수 있다. 그 문을 여는 열쇠는 바로 당신의 손에 달려 있다.

[참고 링크]

다음은 한국에서 사용 가능한 AI 플랫폼의 유효한 웹사이트 주소이다:

Naver Analytics: analytics.naver.com

카카오톡 비즈니스: business.kakao.com

아임웹: imweb.me

Trello + Butler: trello.com (Butler 기능은 Trello 내에서 설정 가능)

와이즈넛 (WISEnut): wisenut.com

2

AI 에이전트 챗봇 활용 AI 마케팅

최 재 용

제2장
AI 에이전트 챗봇 활용 AI 마케팅

Prologue

인공지능(AI) 기술의 비약적인 발전은 우리의 일상과 비즈니스 환경을 크게 변화시키고 있다. 그중에서도 AI 챗봇은 특히 주목받는 기술 중 하나로, 다양한 분야에서 혁신적인 변화를 이끌고 있다. 과거에는 단순한 텍스트 기반의 질문과 답변에 국한됐던 챗봇이 이제는 음성 인식, 자연어 처리(NLP), 심지어는 감정 분석까지 가능해지면서 사람과의 상호작용 수준이 한층 높아졌다.

AI 챗봇은 고객 서비스, 교육, 의료, 금융 등 여러 산업에서 그 가치를 증명하고 있다. 예를 들어, 고객 서비스 분야에서는 24시간 대응이 가능한 AI 챗봇을 통해 고객 만족도를 높일 수 있으며, 교육 분야에서는 개인 맞춤형 학습 도우미로 활용될 수 있다. 의료 분야에서는 환자의 기본적인 문의를 해결하고, 진료 예약을 관리하는 등의 역할을 수행할 수 있다. 금융 분야에서는 사용자 맞춤형 금융 정보 제공 및 상담 서비스를 통해 고객의 편의를 도모할 수 있다.

챗봇은 초기에는 간단한 질의응답을 처리하는 수준에 머물렀으나, AI 기술의 발전과 함께 자연어 처리(NLP)와 머신러닝 알고리즘을 통합해 더욱 지능적이고 인간과 유사한 대화를 가능하게 만들었다. 이로 인해 챗봇은 단순한 자동응답 시스템을 넘어 복잡한 고객 문의를 처리하고 판매를 촉진하며, 심지어 고객의 감정을 파악해 적절한 대응을 제공하는 등 다방면에서 활용되고 있다.

이러한 발전의 배경에는 데이터 처리 능력의 향상, 클라우드 컴퓨팅의 발전 그리고 소비자들의 디지털 채널 선호도가 증가한 것이 큰 역할을 했다. 또한 모바일 기기의 보편화와 소셜 미디어의 확산으로 인해 고객들은 언제 어디서나 즉각적인 응답과 서비스를 기대하게 됐고, 이러한 요구를 충족시키기 위해 AI 에이전트 챗봇이 적극적으로 도입되고 있다.

이러한 변화의 중심에는 'D-ID'라는 강력한 플랫폼이 있다. D-ID는 AI 챗봇 개발을 보다 직관적이고 효율적으로 만들 수 있는 다양한 도구와 기능을 제공해 누구나 쉽게 챗봇을 설계하고 구현할 수 있도록 돕는다.

이번 장은 AI 챗봇 개발을 꿈꾸는 모든 이들에게 D-ID 플랫폼을 활용한 실질적인 가이드를 제공하기 위해 구성했다. D-ID는 복잡한 코딩 없이도 강력한 챗봇을 만들 수 있는 환경을 제공하며 이를 통해 개발자뿐만 아니라 비전문가도 쉽게 챗봇을 개발할 수 있다.

1. D-ID로 시작하는 AI 챗봇 개발

1) D-ID란?

'D-ID'는 생성적 AI 기반 상호작용 및 콘텐츠 제작의 혁신을 선도하고 있다. 자연 사용자 인터페이스(NUI) 기술을 전문으로 하는 D-ID의 플랫폼은 이미지, 텍스트, 비디오, 오디오, 음성을 고도로 몰입감 있는 디지털 인물로 매끄럽게 변환해 독특한 경험을 제공한다.

D-ID는 얼굴 합성 및 딥러닝 전문 지식을 결합해 다국어로 상호작용하는 AI 경험을 제공함으로써 디지털 세계에서의 연결과 창작 방식을 한층 발전시키고 확장하고 있다. 이 회사의 기술은 고객 경험, 마케팅, 판매에 특화된 비즈니스뿐만 아니라 전 세계의 콘텐츠 제작자들을 위한 솔루션을 제공하고 있다.

D-ID는 지난 6년 동안 생성적 AI 분야의 선구자로 자리매김해 왔다. 2017년에 설립된 D-ID는 일류 벤처캐피털의 지원을 받고 있으며, 지금까지 1억 5,000만 개 이상의 AI 비디오가 D-ID의 사용자 친화적인 셀프서비스 Creative Reality™ 스튜디오와 통합 시스템을 통해 제작됐다. 또한 25만 명 이상의 개발자가 D-ID API를 사용해 다양한 솔루션을 구축하고 있다.

최근에는 Deutsche Telekom, PWC, Deloitte, Burda Media, AXA Insurance, Gameloft와 같은 고객들이 D-ID의 플랫폼을 사용해 AI 아바타를 통해 놀라운 경험을 창출하고 있다. D-ID의 플랫폼은 셀프서비스 스튜디오, API, 또는 통합 시스템을 통해 접근할 수 있으며, 정지 사진을 맞춤형 스트리밍 비디오로 변환해 기업이 고객과 소통하는 새로운 인터페이스를 제공한다. 사용자는 실감 나는 디지털 인간과 텍스트로부터 애니메이션을 생성할 수 있어 대규모 비디오 제작의 비용과 번거로움을 획기적으로 줄일 수 있다.

D-ID의 고객에는 포춘 500대 기업, 마케팅 에이전시, 제작사, 소셜 미디어 플랫폼, 주요 e-러닝 플랫폼 그리고 다양한 콘텐츠 제작자가 포함된다. 이 솔루션은 셀프 서비스 스튜디오와 API를 통해 기업, 창작자, 개발자에게 제공된다.

이번에 베타버전으로 출시된 AI 챗봇 D-ID 에이전트는 첨단 언어 모델의 지능과 대면 커뮤니케이션의 따뜻함을 결합해 디지털 연결을 재정의하고, 이를 더 개인적이고 몰입감 있으며 인간적으로 만든다.

에이전트의 외모를 선택하고 목소리를 고르거나 자신의 목소리를 복제하며, 원하는 상호작용 방식을 설명하고 지식 기반을 확장하고 개인화할 수 있는 문서를 제공하기만 하면 된다. 몇 분 안에 실제 사람처럼 대화할 수 있는 디지털 인물을 만들 수 있다.

D-ID 에이전트는 사용자의 요구에 맞게 적응해 모든 상호작용에 친근하고 몰입감 있는 존재감을 제공하며, 듣고 응답함으로써 디지털 대화에 인간적인 차원을 추가한다. 90% 이상의 정확도로 2초 이내에 질문에 대한 답변을 신속하고 정확하게 제공하며, 정보 검색 기반 생성(RAG) 기술 덕분에 일반적인 언어 모델의 한계를 뛰어넘어 최신의 정교한 정보를 제공한다.

D-ID 에이전트는 다양한 용도로 활용할 수 있다. 고객 경험을 향상시키기 위해 AI 챗봇을 도입할 수 있으며, 상호작용이 가능한 AI 아바타를 통해 웹사이트를 더욱 매력적으로 만들 수 있다. 또한 맞춤형 튜터를 통해 온라인 강의를 한층 더 발전시킬 수도 있다. D-ID 에이전트는 상상력에 따라 무궁무진한 가능성을 제공한다.

D-ID 에이전트는 소유자가 업로드한 지식을 기반으로 질문에 답하고 비즈니스 또는 개인 사용 사례에 도움이 되는 특정 역할이나 작업을 수행할 수 있는 자율적인 AI 비서이다. 에이전트는 마케팅, 고객 참여 또는 교육, 트레이닝 등의 역할에 적합하다. 에이전트는 실제 인물과 가상의 캐릭터를 시뮬레이션하거나 유명 브랜드나 개인을 대표하는 가상의 인플루언서가 될 수 있다.

코딩에 대한 지식이 없어도 누구나 D-ID 에이전트를 만들 수 있다. 역할을 선택하고, 에이전트에게 지침을 제공하고, 추가 지식을 업로드하기만 하면 쉽게 에이전트를 만들 수 있다. 에이전트는 기업의 매출 증대, 고객 질문에 대한 답변 또는 팔로워와의 채팅을 도울 수 있다.

각 에이전트는 특정 지식창고에 액세스할 수 있는 각기 다른 분야의 전문가다. 에이전트와 대화해 에이전트가 누구인지, 어떤 역할을 하는지 정확히 알아볼 수 있다. 텍스트 입력란에 질문을 입력하거나 마이크 아이콘을 클릭해 다른 사람과 대화하는 것처럼 에이전트와 대화할 수 있다. (Chrome/Safari 브라우저 또는 대부분의 모바일 기기에서 사용 가능).

표준 음성뿐만 아니라 음성 선택 메뉴에서 Pro 아이콘으로 식별되는 ElevenLabs의 고품질(Pro) 음성을 사용할 수 있다. 오디오 녹음을 업로드해 자신의 목소리를 복제할 수도 있다.

D-ID에서 호스팅하는 에이전트 링크를 공유하거나 자신의 웹사이트에 에이전트를 임베드할 수 있다. 누군가가 내 에이전트와 대화를 하면 내 계정으로 비용이 청구된다는 점을 유의해야 한다.

에이전트는 자연어 처리(NLP)와 생성 AI를 사용해 텍스트 또는 음성 입력을 이해한 다음 관련 답변을 제공한다. 정보 검색 기반 생성(RAG) 기술을 사용해 업로드된 문서의 지식창고에서 쿼리에 대한 정확한 답변을 검색한다.

D-ID 에이전트를 성공적으로 구축하려면 고품질 데이터셋 구축이 중요하다. 다양하고 신뢰할 수 있는 데이터를 확보하고 데이터 품질을 우선하며, FAQ 스타일 데이터셋을 사용하는 것이 좋다. 데이터는 효율적으로 조직하고 처음에는 특정 주제에 집중해 점진적으로 확장해야 한다. 지속적인 개선과 확장은 에이전트의 가치를 극대화하는 데 필수적이다. 이러한 모범 사례를 따르면, 신뢰할 수 있는 고품질의 D-ID 에이전트를 만들 수 있다.

2) 보험회사 D-ID 에이전트 활용 제안

보험회사의 일상 운영은 이메일, 전화, 회의로 바쁘며 고객 요구를 충족시키고 업셀링과 크로스셀링을 시도하며 많은 보험 정책을 관리해야 한다. 이러한 업무는 스트레스와 압박을 유발하고, 개인화된 고객 상호작용에 시간을 할애하기 어렵게 만든다.

D-ID 에이전트는 이러한 문제를 해결하고자 설계됐다. 이 에이전트는 AI 기술을 활용해 보험 업무를 간소화하고 고객 경험을 개선하며 매출을 증가시킨다. 보험회사가 직면한 주요 문제로는 과중한 업무와 비용, 고객과의 상호작용 부족, 그리고 직원 번 아웃이 있다. 이러한 문제는 고객 만족도를 낮추고 직원 이직률을 높이며 회사의 운영 비용을 증가시킨다.

D-ID 에이전트는 감정과 공감을 바탕으로 고객과 소통해 더 나은 장기적인 관계를 형성하고 24시간 365일 언제나 이용 가능하며, 개인화된 서비스를 제공한다. 이 에이전트는 지속적인 팔로우업과 지원을 통해 고객 만족도를 높이고 회사의 ROI를 증대시킨다. 또한 에이전트는 보험판매인과의 약속으로 이어지도록 해 거래를 완료할 수 있도록 돕는다.

D-ID 에이전트를 도입하면 보험회사는 더 원활하고 효율적인 업무 환경을 갖추고 고객 만족도를 높이며 궁극적으로 더 수익성 있는 비즈니스를 운영할 수 있다.

2. AI 에이전트 챗봇의 이해

1) 챗봇의 개념과 역사

챗봇(Chatbot)은 '채팅'과 '로봇'의 합성어로, 사용자가 입력한 텍스트나 음성 명령에 따라 적절한 대답을 제공하는 컴퓨터 프로그램을 의미한다. 챗봇의 역사는 1960년대 초반까지 거슬러 올라간다.

최초의 챗봇인 '엘리자(ELIZA)'는 1966년 MIT의 조셉 와이젠바움(Joseph Weizenbaum)이 개발했다. 엘리자는 간단한 패턴 매칭과 템플릿을 기반으로 사용자의 입력을 분석하고 적절한 대답을 생성하는 시스템으로, 정신과 상담을 모방하는 방식으로 작동했다. 이는 당시로서는 혁신적인 기술이었으나, 현재의 챗봇과 비교했을 때 매우 단순한 형태였다.

1970년대에는 '패리(PARRY)'라는 챗봇이 등장했다. 패리는 편집증 환자의 행동을 모방하는 챗봇으로, 엘리자보다 더 복잡한 대화 구조를 구현했다. 이후 1980년대와 1990년대에 이르러서는 다양한 형태의 챗봇이 개발됐지만, 여전히 규칙 기반의 대화 모델에 의존하고 있었다.

본격적인 AI 챗봇의 발전은 2010년대에 들어서면서 시작됐다. 머신러닝과 자연어 처리(NLP) 기술의 발전은 챗봇이 사람의 언어를 이해하고 더 자연스러운 대화를 할 수 있게 만들었다. 특히 2016년 마이크로소프트의 챗봇 '테이(Tay)'가 등장하면서 대중의 관심을 끌었지만, 예기치 않은 문제로 인해 프로젝트가 조기 종료된 바 있다.

이러한 시행착오를 거치면서 AI 챗봇 기술은 더욱 정교해졌으며 오늘날에는 기업들이 고객 서비스, 마케팅, 판매 등 다양한 분야에서 AI 에이전트 챗봇을 적극 활용하게 됐다.

2) AI 에이전트의 특징과 기능

AI 에이전트 챗봇은 단순히 사용자의 질문에 답변하는 것을 넘어 사용자의 의도를 파악하고, 맥락을 이해하며, 복잡한 요청도 처리할 수 있는 고도의 지능형 시스템이다. 이러한 AI 챗봇은 다음과 같은 주요 특징과 기능을 갖추고 있다.

(1) 자연어 처리(NLP)와 이해 능력

AI 챗봇의 핵심 기술 중 하나는 '자연어 처리(NLP)'다. NLP는 컴퓨터가 인간의 언어를 이해하고 해석할 수 있게 하는 기술로, 챗봇이 사용자와의 대화에서 의미를 파악하는 데 사용된다. 이를 통해 챗봇은 사용자의 명령이나 질문이 어떤 의도를 담고 있는지를 이해하고, 이에 적절하게 응답할 수 있다. 예를 들어, 사용자가 '오늘 날씨 어때?'라고 물으면, 챗봇은 이 질문이 날씨에 대한 정보를 요구하는 것임을 이해하고 현재 날씨를 제공할 수 있다.

(2) 맥락 인식

AI 챗봇은 대화의 맥락을 이해하고 지속적으로 추적할 수 있는 능력을 갖추고 있다. 이는 사용자가 이전에 했던 질문이나 명령을 기억하고, 그것을 바탕으로 더 나은 답변을 제공하는 데 중요한 역할을 한다. 예를 들어, 사용자가 '내일 비 올까?'라고 물었을 때, 챗봇은 사용자가 날씨를 물어본 맥락을 이해하고, 내일의 날씨 정보를 제공할 수 있다. 맥락 인식은 복잡한 대화를 보다 자연스럽게 이어가는 데 필수적인 기능이다.

(3) 학습 능력

현대의 AI 챗봇은 머신러닝 알고리즘을 통해 지속적으로 학습하고 개선될 수 있다. 이러한 학습 능력 덕분에 챗봇은 시간이 지남에 따라 더 나은 성능을 발휘하게 된다. 예를 들어, 챗봇이 반복적으로 같은 질문에 대해 여러 사용자의 답변을 학습하면서, 그 질문에 대한 최적의 응답을 도출하는 능력이 향상된다. 또한 챗봇은 사용자 피드백을 기반으로 자신의 대화 스타일과 내용도 개선할 수 있다.

(4) 다기능 통합

AI 에이전트 챗봇은 다양한 기능을 통합해 사용자에게 더 많은 가치를 제공한다. 예를 들어, 고객 서비스 챗봇은 제품 정보 제공, 주문 추적, 환불 요청 처리 등 다양한 기능을 수행할 수 있으며, 이 모든 것을 하나의 인터페이스에서 제공한다. 또한 챗봇은 CRM(고객 관계 관리) 시스템, 이메일 마케팅 플랫폼, 소셜 미디어 그리고 전자상거래 플랫폼 등과 통합돼 더욱 효율적인 마케팅과 고객 관리가 가능하게 한다.

3) 기존 마케팅과의 비교

AI 에이전트 챗봇을 활용한 마케팅은 전통적인 마케팅 방식과 여러 면에서 차별화된다. 이러한 차별화는 마케팅 효율성, 고객 경험 그리고 데이터 활용 측면에서 크게 나타난다.

(1) 마케팅 효율성의 극대화

기존 마케팅은 대규모 광고 캠페인, 이메일 마케팅 그리고 텔레마케팅 등 다수의 고객에게 동일한 메시지를 전달하는 방식으로 이뤄졌다. 그러나 AI 챗봇은 각 고객의 개별적인 요구와 선호에 맞춘 개인화된 마케팅을 가능하게 한다. 예를 들어, 챗봇은 사용자의 과거 구매 이력과 검색 기록을 분석해 그 사용자에게 가장 적합한 제품이나 서비스를 추천할 수 있다. 이는 마케팅 메시지의 효과를 극대화하고, 전환율을 높이는 데 기여한다.

(2) 고객 경험의 혁신

기존 마케팅에서는 고객이 원하는 정보를 얻거나 문제를 해결하기 위해 긴 대기 시간을 감수해야 하는 경우가 많았다. 반면, AI 챗봇은 24시간 실시간으로 고객의 요청에 응답할 수 있으며, 이를 통해 고객 경험을 크게 향상시킬 수 있다. 챗봇은 고객이 언제든지 질문을 하거나 도움을 요청할 수 있도록 해, 고객의 편의성과 만족도를 높인다. 또한 챗봇은 일관된 응답을 제공해 고객 서비스의 품질을 유지하는 데도 중요한 역할을 한다.

(3) 데이터 활용의 효율성

AI 챗봇은 고객과의 상호작용에서 생성되는 데이터를 실시간으로 분석하고, 이를 마케팅 전략에 반영할 수 있다. 이러한 데이터는 고객의 선호도, 구매 패턴, 자주 묻는 질문 등을 포함하며, 이를 기반으로 마케팅 활동을 더욱 정교하게 조정할 수 있다. 예를 들어, 챗봇은 특정 제품에 대한 고객의 관심이 높아질 경우, 해당 제품에 대한 프로모션을 즉시 제안할 수 있다. 또한 챗봇이 수집한 데이터는 향후 마케팅 캠페인을 설계하는 데 중요한 인사이트를 제공한다.

AI 에이전트 챗봇은 기존 마케팅 방식과 비교할 때 개인화된 경험 제공, 실시간 응답 그리고 데이터 기반의 인사이트 도출 등 여러 면에서 우수한 성능을 발휘한다. 이러한 챗봇의 특징과 기능은 마케팅 전략의 효율성을 높이고 고객 경험을 혁신하며, 궁극적으로는 기업의 성장을 촉진하는 데 중요한 역할을 한다.

따라서 기업들은 AI 에이전트 챗봇을 활용한 마케팅 전략을 적극적으로 채택해야 하며, 이를 통해 변화하는 시장 환경에서 경쟁 우위를 확보할 수 있을 것이다.

Epilogue

AI와 챗봇 기술, 특히 D-ID 플랫폼을 활용한 챗봇 개발 방법을 다뤘다. 기술은 빠르게 발전하며 AI 챗봇은 다양한 산업에서 혁신을 주도하고 있다. D-ID 플랫폼은 더 나은 상호작용과 개인화된 경험을 제공하는 강력한 도구로 앞으로도 지속적인 학습과 혁신을 통해 AI 챗봇 시대의 선구자가 되기를 바란다.

[참고문헌]

D-ID 홈페이지
https://www.d-id.com/agents

3

매니챗 마케팅 자동화로 고객의 마음을 사로잡는 비법

유 양 석

제3장
매니챗 마케팅 자동화로 고객의 마음을 사로잡는 비법

Prologue

디지털 시대에 접어들면서 마케팅의 패러다임은 급격하게 변화하고 있다. 과거에는 단순히 제품이나 서비스를 홍보하는 것이 주된 목표였지만, 이제는 고객과의 지속적인 상호작용과 개인화된 경험 제공이 마케팅의 핵심 요소로 자리 잡고 있다. 이러한 변화 속에서 '매니챗'은 새로운 마케팅 도구로써 주목받고 있으며, 고객과의 대화를 자동화하고 보다 효율적으로 마케팅을 실행할 수 있는 강력한 도구로 자리매김하고 있다.

매니챗은 단순한 챗봇 이상의 기능을 제공한다. 그것은 고객의 행동에 맞춰 자동으로 메시지를 발송하고, 맞춤형 경험을 제공하며, 궁극적으로 고객의 관심을 유지하고 전환율을 높이는 데 기여한다. 이러한 기능들은 기업이 고객과의 연결을 강화하고 마케팅 캠페인의 성공을 위한 중요한 전략적 요소가 될 수 있다.

이 책은 매니챗을 처음 접하는 사람들부터 이미 사용하고 있는 마케터들까지 모두를 위한 실용적인 가이드를 제공한다. 매니챗의 기본 개념부터 고급 활용 방법 그리고 성과 분석을 통해 ROI를 극대화하는 방법에 이르기까지 단계별로 이해하기 쉽게 설명돼 있다. 이를 통해 독자들은 매니챗을 활용한 마케팅의 전 과정을 깊이 있게 이해하고 실제 비즈니스에서 즉각적으로 적용할 수 있는 전략들을 습득하게 될 것이다.

디지털 마케팅의 시대에서 성공을 거두기 위해서는 단순히 최신 기술을 따라가는 것을 넘어서 이를 어떻게 효과적으로 활용할 것인가에 대한 고민이 필요하다. 이 책은 그 답을 찾는 여정의 첫걸음이 될 것이다. 매니챗을 통해 고객과의 새로운 대화의 장을 열고 그 대화를 통해 고객을 사로잡는 마케팅의 비법을 발견해보자.

1. 매니챗을 활용한 마케팅 자동화의 모든 것

1) 매니챗은 마케팅 자동화의 필수 도구

디지털 마케팅이 발전하면서 고객과의 소통이 더욱 중요해졌다. 단순히 정보를 전달하는 것을 넘어서 고객과의 지속적인 상호작용이 필요해졌다. 이때 중요한 도구가 바로 매니챗이다. 매니챗은 고객과의 대화를 자동화하는 플랫폼으로 기업이 고객과의 소통을 효과적으로 관리할 수 있도록 돕는다.

매니챗은 주로 페이스북 메신저, 인스타그램 DM, 웹사이트 채팅 등에 사용된다. 이 플랫폼을 활용하면 고객과의 대화를 자동으로 관리할 수 있어 시간과 비용을 절약하면서도 개인화된 경험을 제공할 수 있다. 매니챗의 가장 큰 장점은 고객의 행동에 따라 적절한 메시지를 자동으로 발송할 수 있다는 점이다. 예를 들어, 고객이 웹사이트에서 제품을 장바구니에 담았지만 결제하지 않고 이탈한 경우 매니챗은 자동으로 리마인더 메시지를 발송해 결제를 유도할 수 있다.

매니챗의 기능은 단순한 메시지 자동화에 그치지 않는다. 고객의 행동을 분석하고 그에 맞춰 맞춤형 메시지를 발송할 수 있는 고급 기능도 제공한다. 이를 통해 고객 경험을 개인화하고 전환율을 높이는 데 큰 도움을 줄 수 있다. 매니챗은 고객과의 소통을 강화하고 마케팅 성과를 극대화하기 위해 반드시 필요한 도구다.

매니챗을 활용하는 첫 단계는 플랫폼에 익숙해지는 것이다. 매니챗 계정을 생성하고 페이스북 페이지와 연결해 기본적인 설정을 완료한다. 이 과정에서 매니챗의 다양한 기능을 탐색하고 어떻게 활용할 수 있을지 고민하는 것이 중요하다. 매니챗을 효과적으로 사용하기 위해서는 플랫폼의 기능을 이해하고, 이를 마케팅 전략에 맞게 조정할 필요가 있다.

2) 매니챗과 대화형 마케팅의 시너지 효과

매니챗은 단순히 자동화된 메시지를 보내는 도구를 넘어 대화형 마케팅의 새로운 가능성을 열어준다. 대화형 마케팅이란 고객과의 상호작용을 통해 마케팅 활동을 더욱 효과적으로 수행하는 방법을 의미한다. 이 접근 방식은 고객에게 더 개인화된 경험을 제공하고 브랜드에 대한 충성도를 높이는 데 도움이 된다.

대화형 마케팅의 핵심은 고객이 원하는 정보를 적시에 제공하는 것이다. 매니챗을 활용하면 고객이 특정 행동을 취했을 때 자동으로 관련 정보를 제공할 수 있다. 예를 들어, 고객이 웹사이트에서 특정 제품 페이지를 방문하면 매니챗은 해당 제품의 추가 정보를 제공하거나 할인 코드를 제안하는 메시지를 자동으로 보낼 수 있다. 이러한 방식으로 고객은 필요한 정보를 즉시 얻을 수 있으며 이는 고객의 만족도를 높이고 구매 전환을 촉진하는 데 큰 역할을 한다.

매니챗과 대화형 마케팅의 시너지 효과는 고객과의 지속적인 상호작용을 가능하게 한다는 점에서 더욱 빛을 발한다. 단순히 한 번의 메시지 발송에 그치지 않고 고객의 반응에 따라 다음 메시지를 자동으로 조정할 수 있다. 이를 통해 고객과의 대화가 자연스럽게 이어지며 마치 실제 사람이 응대하는 것과 같은 느낌을 줄 수 있다. 이러한 접근은 고객에게 신뢰감을 주고 브랜드와의 관계를 더욱 강화할 수 있다.

대화형 마케팅을 효과적으로 구현하기 위해서는 매니챗의 다양한 기능을 잘 활용해야 한다. 먼저, 고객의 행동을 분석하고 그에 맞춰 적절한 메시지를 발송할 수 있는 자동화 플로우를 설정한다. 이 과정에서 고객의 여정을 고려해 각 단계에서 필요한 정보를 제공하는 것이 중요하다. 예를 들어, 고객이 제품을 장바구니에 담은 후 결제하지 않고 이탈했을 때 결제를 유도하는 리마인더 메시지를 보내는 것이 좋은 전략이다.

또한 대화형 마케팅에서는 고객의 반응에 따라 메시지를 개인화하는 것이 중요하다. 매니챗은 고객의 반응에 따라 메시지를 분기할 수 있는 기능을 제공한다. 이를 통해 고객이 긍정적인 반응을 보였을 때 추가적인 정보를 제공하거나 부정적인 반응을 보였을 때 다른 대안을 제시하는 등 더욱 정교한 마케팅 전략을 구사할 수 있다.

3) 매니챗을 활용한 세분화된 고객 타깃팅 전략

매니챗의 가장 강력한 기능 중 하나는 세분화 된 고객 타깃팅 전략을 지원한다는 점이다. 세분화된 타깃팅은 각 고객의 행동, 관심사, 인구 통계적 특성 등을 고려해 맞춤형 메시지를 발송하는 전략이다. 이를 통해 고객에게 더욱 개인화된 경험을 제공하고 마케팅 성과를 극대화할 수 있다.

세분화 된 타깃팅 전략을 구현하기 위해서는 먼저 고객을 다양한 그룹으로 나누는 작업이 필요하다. 매니챗은 고객의 행동 이력, 페이지 방문 기록, 메시지 상호작용 등을 기반으로 고객을 세분화할 수 있는 기능을 제공한다. 예를 들어, 최근에 특정 제품을 구매한 고객 장바구니에 상품을 담았지만 결제를 완료하지 않은 고객, 특정 시간대에만 웹사이트를 방문하는 고객 등으로 세분화할 수 있다. 이렇게 나뉜 고객 그룹에게는 그들의 행동에 맞춘 맞춤형 메시지를 발송할 수 있다.

(1) 고객 세분화

설정 매니챗에서 제공하는 고객 세분화 기능을 사용해 고객을 그룹별로 나눈다. 세분화 기준은 고객의 행동 패턴, 구매 이력, 관심사 등에 따라 설정할 수 있다. 예를 들어, 최근 30일 이내에 특정 제품을 구매한 고객에게는 추가 구매를 유도하는 메시지를, 아직 첫 구매를 하지 않은 고객에게는 특별 할인 혜택을 제공하는 메시지를 발송할 수 있다.

(2) 세분화된 타깃팅 메시지 작성

각 고객 그룹에 맞춘 메시지를 작성한다. 이 메시지는 고객의 관심사와 행동에 맞게 설계돼야 하며 개인화된 경험을 제공할 수 있어야 한다. 예를 들어, 특정 제품을 자주 방문하지만 구매하지 않은 고객에게는 그 제품에 대한 추가 정보를 제공하는 메시지를 발송하고 추가 할인 혜택을 제공해 구매를 유도할 수 있다.

(3) 타깃팅 전략 실행

세분화 된 타깃팅 메시지를 발송할 시점을 설정하고, 매니챗을 통해 자동으로 메시지를 발송한다. 이 과정에서 메시지의 발송 시간, 빈도, 내용을 정교하게 설정해 고객에게 적시에 적절한 메시지가 전달되도록 한다. 이를 통해 고객은 자신에게 맞춘 메시지를 받는다는 느낌을 받게 되며 이는 구매로 이어질 가능성을 높인다.

(4) 성과 분석 및 최적화

세분화 된 타깃팅 전략이 얼마나 효과적이었는지 분석하고 이를 바탕으로 전략을 최적화한다. 매니챗은 각 메시지의 오픈율, 클릭률, 전환율 등을 실시간으로 분석할 수 있는 도구를 제공한다. 이러한 데이터를 활용해 어떤 메시지가 가장 효과적이었는지 파악하고 향후 캠페인에서 이를 반영해 성과를 극대화할 수 있다.

세분화 된 타깃팅 전략은 고객에게 맞춤형 경험을 제공하는 데 필수적인 요소다. 매니챗을 통해 고객의 행동을 분석하고 이를 바탕으로 적절한 메시지를 발송하면 고객의 만족도를 높이고 브랜드 충성도를 강화할 수 있다. 또한 이러한 전략은 고객의 요구에 맞춘 개인화된 경험을 제공함으로써 구매 전환율을 크게 높일 수 있다.

매니챗을 활용한 마케팅 자동화는 단순히 메시지를 자동으로 발송하는 것을 넘어 고객과의 상호작용을 통해 브랜드 가치를 높이는 강력한 도구다. 이 책에서는 매니챗의 다양한 기능을 활용해 효과적인 마케팅 전략을 수립하고 실행하는 방법을 제시한다. 매니챗을 통해 고객과의 대화를 자동화하고 이를 통해 고객의 요구에 맞춘 개인화된 경험을 제공함으로써 마케팅 성과를 극대화할 수 있다. 이 과정에서 중요한 것은 고객을 이해하고 그들의 행동에 맞춰 적절한 메시지를 발송하는 것이다. 이를 통해 매니챗은 마케팅 자동화의 필수 도구로 자리 잡을 수 있다.

2. 마케팅 자동화툴 매니챗의 설치와 세팅 방법

매니챗을 효과적으로 사용하려면 먼저 매니챗을 설치하고 초기 세팅을 올바르게 완료하는 것이 중요하다. 이 과정에서는 매니챗의 주요 기능을 활성화하고 사용자에게 맞춤형 경험을 제공하기 위한 기본 설정을 수행해야 한다. 이 장에서는 매니챗 설치부터 세팅까지의 과정을 순서대로 안내한다.

1) 매니챗 설치 과정

매니챗을 설치하는 첫 번째 단계는 매니챗 웹사이트에서 계정을 생성하는 것이다. 이 과정에서는 페이스북 계정과 매니챗을 연결해 사용할 페이지를 설정해야 한다. 계정 생성과 페이지 연결이 완료되면, 매니챗의 기본 설정 화면으로 이동할 수 있다.

(1) 계정 생성

구글창에 매니 챗이라고 검색을 한다. 매니챗 웹사이트에 접속해 계정을 생성한다. 구글계정이 있다면 구글계정으로 로그인하고 계속을 클릭한다. 이중 보안으로 구글 이메일을 적고 메일로 비밀번호가 보내진다. 이메일을 확인해서 비밀번호를 입력하면 다음단계로 넘어간다. 또한 페이스북 계정을 사용해 매니챗 계정을 생성할 수 있다. 인스타그램 계정에서 페이지 연결로 페이스북 계정으로 연결됨으로써 매니챗이 페이스북 페이지와 자동으로 연동된다.

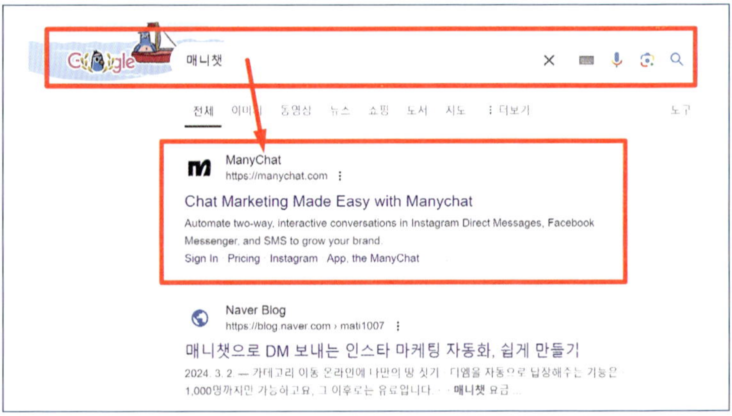

[그림1] 구글 창에 매니챗이라고 검색(출처: 구글)

(2) 매니챗 설치

매니챗 설치는 계정 생성을 하기 위해 매니챗 웹사이트에 접속해 다운로드 후 '쿠키'를 허용한다. 구글로 로그인한 후 인스타그램과 연동해서 인스타그램으로 이동한다. 개인계정이라면 비즈니스 계정으로 전환해야 한다. 인스타그램에 프로필을 클릭한 후 오른쪽 상단에 '더보기'를 클릭하고 설정 및 활동에 들어가서 계정 유형 전환을 클릭한다.

인스타그램에서 개인계정을 비즈니스 계정으로 전환하는 방법으로 여기에는 비즈니스 계정을 개인용 계정으로 전환하거나 크리에이터 계정으로 전환하는 방법을 보여준다.(출처: 인스타그램)

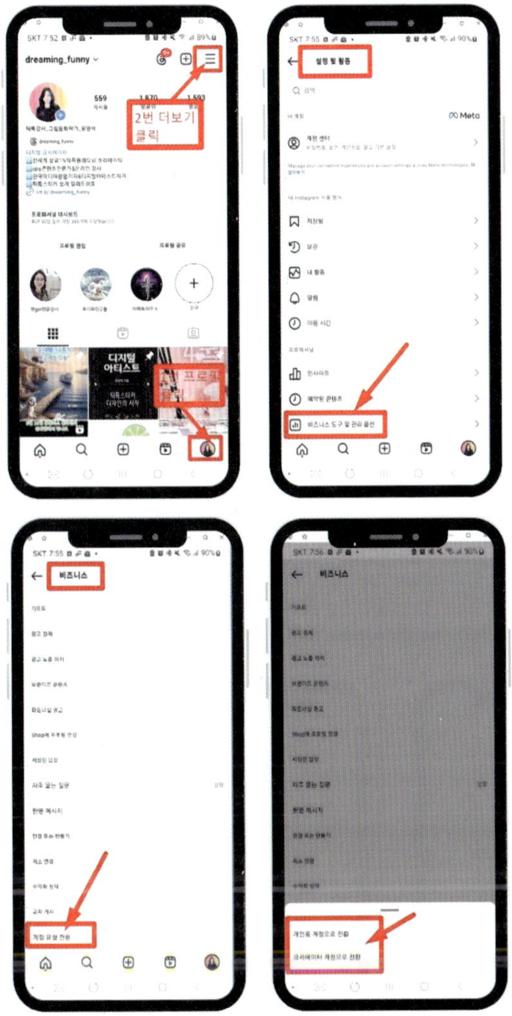

[그림2] 비즈니스 계정유형 전환

(2) 페이스북 페이지 선택

계정 생성 후, 매니챗과 연동할 페이스북 페이지를 선택한 후 페이지 연결해야 한다. 매니 챗 계정을 생성한 후, 사용하고자 하는 페이스북 페이지와 연결한다. 이 단계에서 챗봇이 내가 원하는 페이지에서 작동하는 것을 지정할 수 있다.

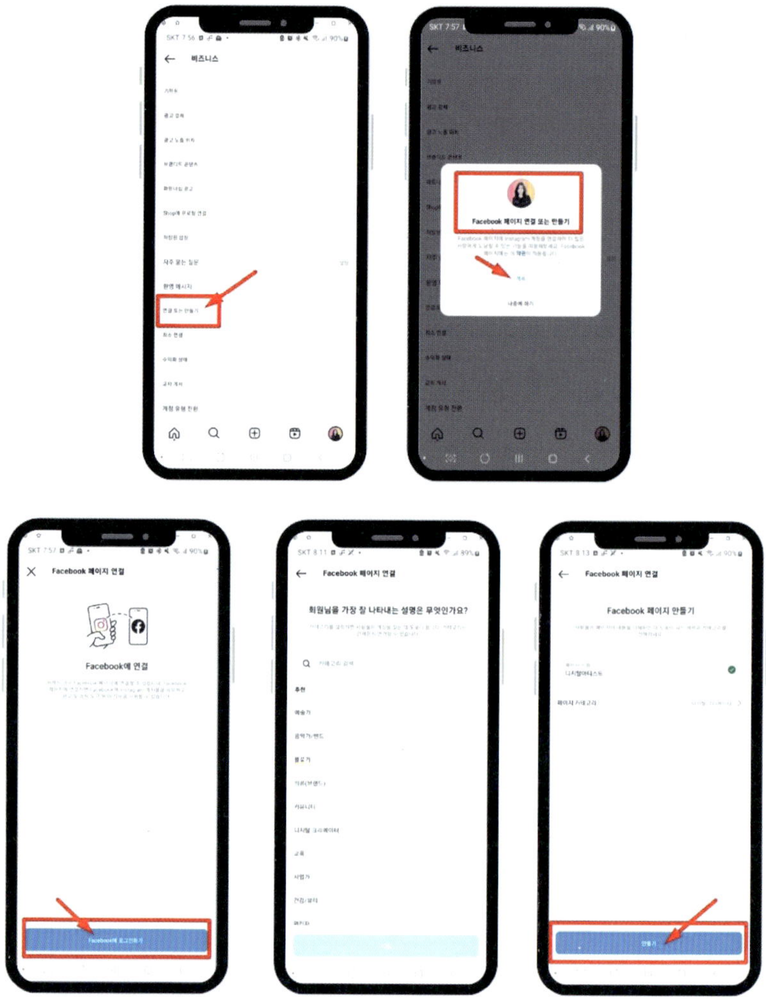

[그림3] 인스타그램에서 페이스북의 페이지와 연결하는 방법(출처: 인스타그램)

(4) 매니 챗의 결제금액

무료로 사용할 수 있는 옵션과 유료 결제로 사용할 수 있는 옵션을 아래 표로 비교 정리했다. 사용자는 기본적인 자동화 프로세스를 설정해 메시징 서비스를 자동화할 수 있다. 최대 1,000명의 연락처를 관리하고 이들에게 자동 DM을 보낼 수 있다. 기본 메시징 기능으로 특정 키워드에 반응해 자동으로 대댓글 및 DM을 발송하는 기본 메시징 자동화 기능을 사용할 수 있다.

기능	무료 요금제	프로 요금제
지원 플랫폼	인스타그램 DM, 페이스북 메신저, 왓츠앱 사용 가능	인스타그램 DM, 페이스북 메신저, 왓츠앱, 이메일, SMS 사용 가능
연락처 제한	최대 1,000명	제한 없음
브랜딩	ManyChat 브랜딩 포함	브랜딩 제거
자동화 기능	제한된 키워드 트리거(3개), 드립 시퀀스(2개) 설정 가능	무제한 키워드 트리거 및 드립 시퀀스, A/B 테스트 가능
가격	무료	월 $15부터 시작

[그림4] 매니챗의 유료와 무료 비교

[그림5] 매니챗의 유료와 무료요금 가격표

2) 인스타그램에 자동 댓글 달기

매니챗의 기본 세팅은 사용자의 요구에 맞게 챗봇의 초기 상태를 설정하는 과정이다. 이 단계에서 중요한 것은 댓글을 달면 자동 디엠이 보내지게 설정할 수 있다. 이를 통해 고객에게 홍보 마케팅을 할 수 있다. [그림6] 처럼 왼쪽 빨간 박스의 초록색 '오토메이션' 표시를 클릭하고 오른쪽 상단에 '새로운 자동화'를 클릭해서 새로운 탬플릿을 설정한다. 인스타그램 댓글을 자동으로 설정해서 마케팅하는 탬플릿으로 [그림7]에 나오는 첫 번째 탬플릿을 클릭한다. 그리고 [그림8] 처럼 아래 하단에 있는 '탬플릿 설정'을 클릭한다.

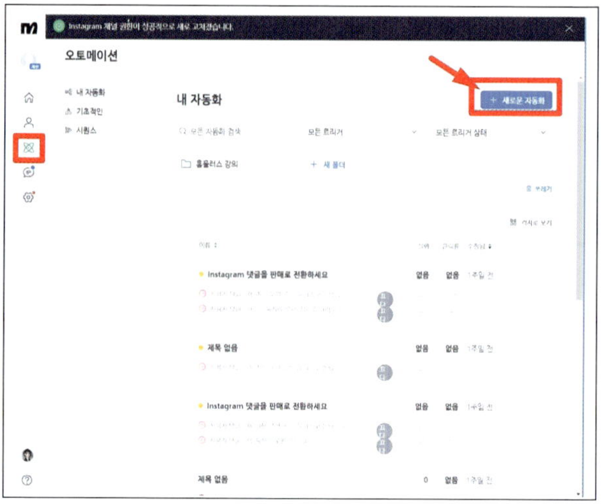

[그림6] 오토메이션 만들기

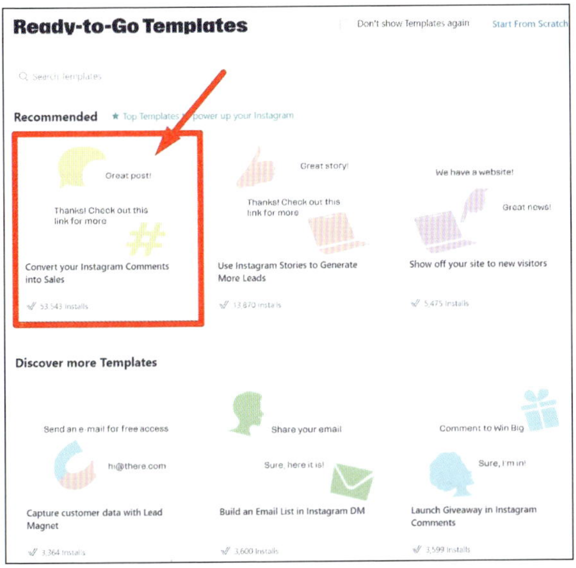

[그림7] 인스타그램 자동 디엠 보내기 탬플릿

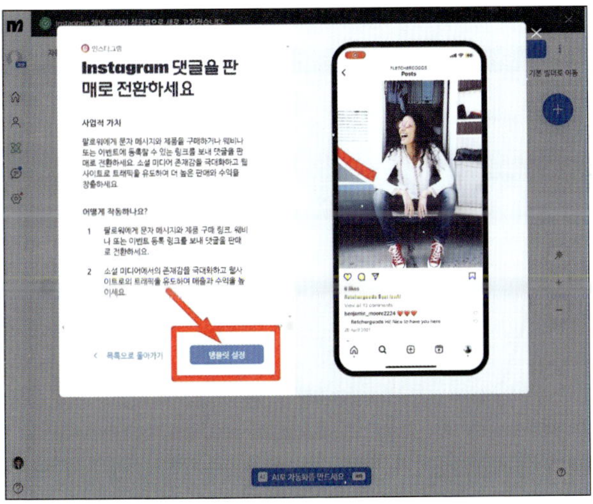

[그림8] 인스타그램 자동 디엠 보내기 탬플릿 설정

(1) 3단계 실행

인스타 피드나 릴스에 '댓글 달기'를 클릭하고 3단계를 실행한다. 제일 중요한 것은 '피드에 공개답변을 설정하시겠습니까?'라는 질문에 '아니요'를 선택해서 클릭해야 계정 활동 정지를 피할 수 있다. 지나치게 모든 댓글에 답이 달리면 알고리즘에 의해 사람이 아닌 기계라고 생각하고 계정 활동이 정지당할 수 있다.

포스트 또는 릴스에서 특정 게시물을 선택하는 것은 무료 버전에서 가능하다. 내 인스타그램과 자동으로 연동돼 원하는 게시물이나 릴스를 선택한 후 특정 키워드로 댓글을 설정하고 공개답변을 '아니오'로 설정하고 저장한다. 공개 답변을 자동으로 보내지는 네로 설정하면 인스타그램에 너무 많은 자동 댓글이 달리기 때문에 사람이 아닌 기계라고 오해하고 인스타그램 계정에 활동 정지가 될 수 있기 때문이다.

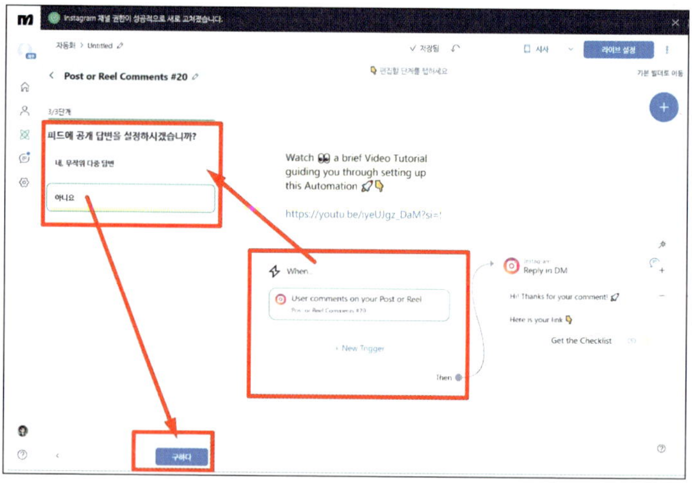

[그림9] 피드에 공개답변을 설정할 때 '아니오' 설정

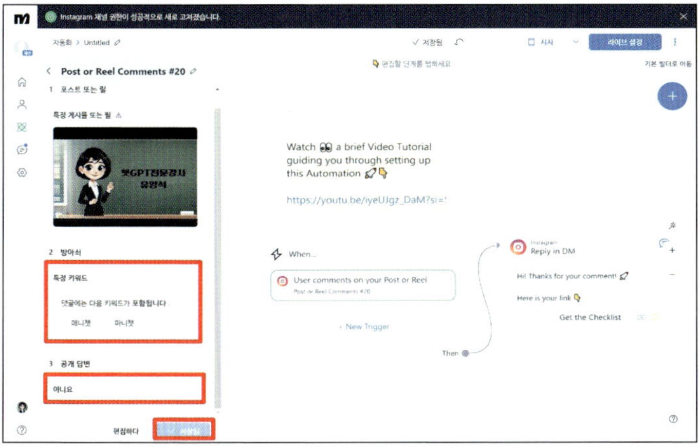

[그림10] 피드에 특정 키워드를 설정하는 방법

(2) 웹사이트 URL를 자동 디엠으로 보내는 방법

자동 답변을 설정하는 방법으로 '안녕하세요? 매니챗을 댓글로 달아주시면 꿈 퍼니 방에 초대해 드릴게요'라고 댓글을 설정하고 웹사이트 URL을 넣어주면, 매니챗이라는 댓글이 달리면 자동으로 URL 링크가 발송된다.

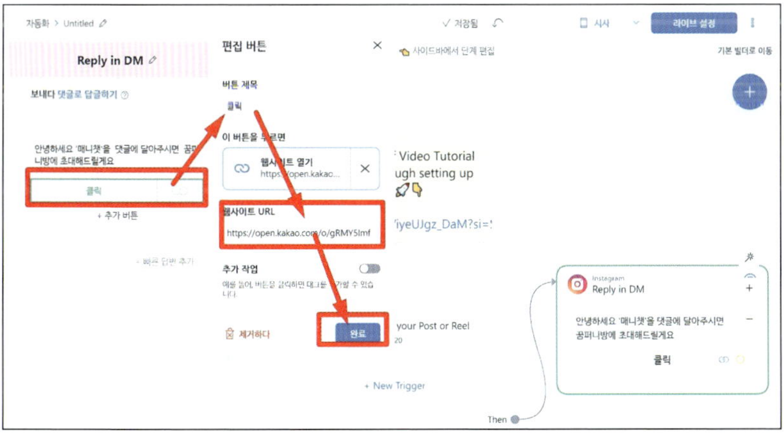

[그림11] 웹사이트 URL을 넣어주면 매니 챗이라는 댓글이 달리면 자동으로 URL 링크가 발송

(3) 자동 응답 설정

고객이 특정 키워드를 입력했을 때 자동으로 응답할 메시지를 설정한다. 예를 들어, 고객이 '매니챗'이라는 키워드를 입력하면 챗봇이 자동으로 '안녕하세요. 매니챗을 댓글로 달아주셔서 감사합니다. 꿈퍼니방에 초대해 드릴게요'라는 메시지를 발송하도록 설정할 수 있다. 이 기능은 고객의 질문에 신속하게 응답할 수 있어 편리하다.

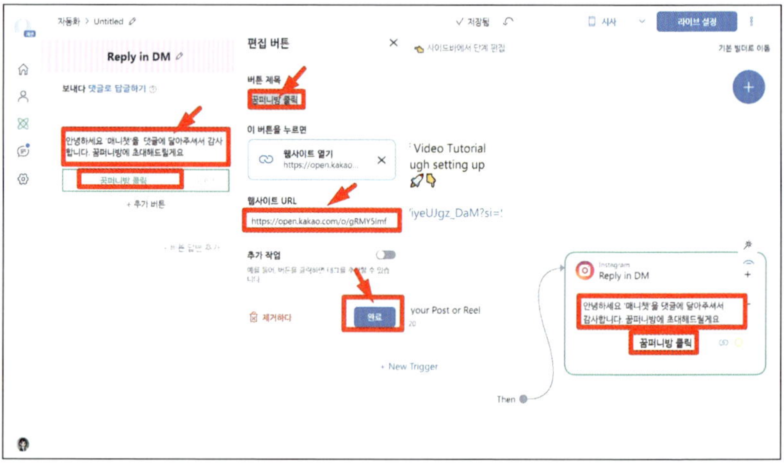

[그림12] 자동 댓글 설정 방법

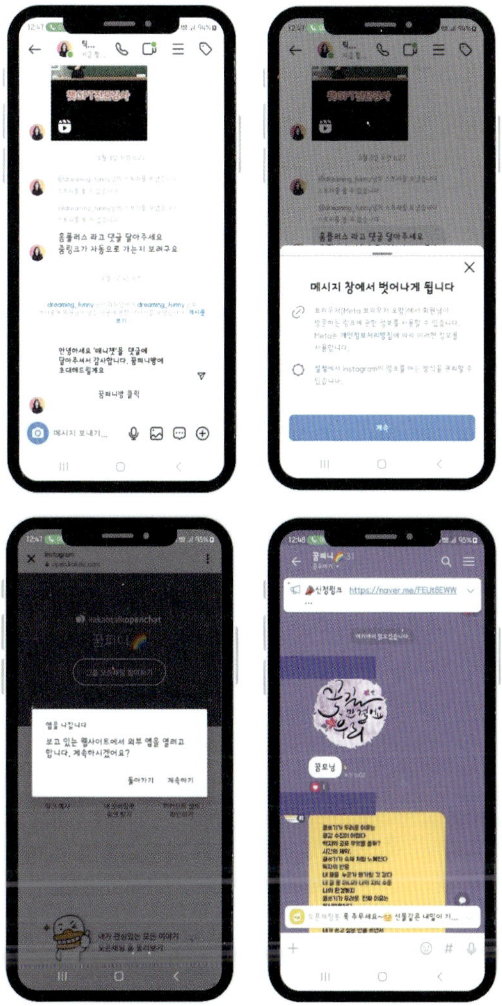

[그림13] 댓글이 달리면 자동 디엠이 가는 스마트폰에서 제공되는 모습

3) 고급 설정 및 테스트

매니챗의 고급 설정에서는 고객 세그먼트 설정, 태그 적용, 조건부 메시지 설정 등을 할 수 있다. 고급 설정은 보다 정교한 마케팅 전략을 구사하는 데 필수적이며, 다양한 고객군에 맞춤형 메시지를 제공할 수 있도록 돕는다. 설정이 완료된 후에는 모든 기능이 제대로 작동하는지 테스트해야 한다.

(1) 고객 세그먼트 설정

고객을 특정 기준에 따라 그룹으로 나누는 세그먼트 설정을 한다. 예를 들어, 특정 지역에 거주하는 고객, 특정 제품에 관심을 보인 고객 등을 별도로 구분해 관리할 수 있다. 이렇게 세그먼트화 된 고객 그룹에는 그들만을 위한 맞춤형 메시지를 보낼 수 있다.

(2) 태그 적용

고객의 행동이나 특성에 따라 태그를 적용해 관리한다. 예를 들어, 특정 제품 페이지를 방문한 고객에게 '제품A 관심 고객'이라는 태그를 부여할 수 있다. 이를 통해 추후 마케팅 활동에서 이 태그가 부여된 고객에게 특정 프로모션을 집중적으로 안내할 수 있다.

(3) 조건부 메시지 설정

고객의 반응에 따라 다른 경로로 메시지를 전송하는 조건부 메시지를 설정한다. 예를 들어, 고객이 '예'라고 응답하면 특정 정보가 담긴 메시지를 보내고, '아니요'라고 응답하면 다른 정보를 제공하는 방식이다. 이러한 조건부 메시지는 고객 경험을 개인화하는 데 중요한 역할을 한다.

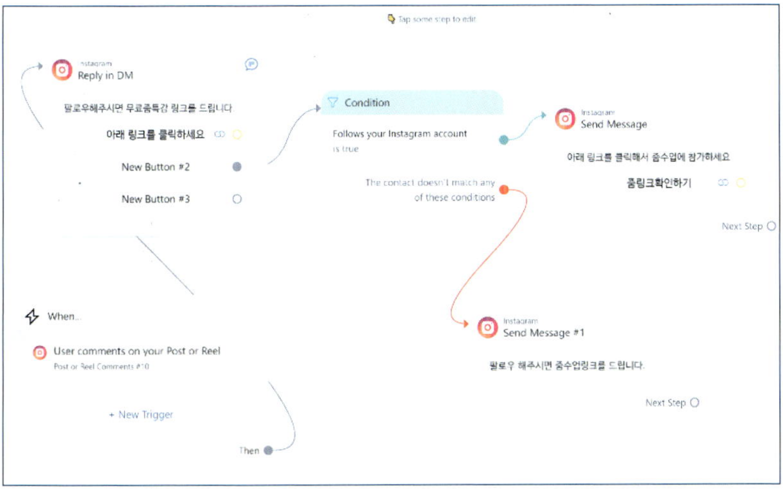

[그림14] 고객의 반응에 따라 다른 경로로 메시지를 전송하는 조건부 메시지를 설정

(4) 테스트 및 검증

모든 설정이 완료되면 테스트 기능을 활용해 설정이 올바르게 작동하는지 확인한다. 고객의 다양한 반응 시나리오를 시뮬레이션해 오류가 발생하지 않도록 사전에 점검한다. 테스트를 통해 문제를 미리 발견하고 수정함으로써 실제 운영 시 원활한 챗봇 서비스를 제공할 수 있다.

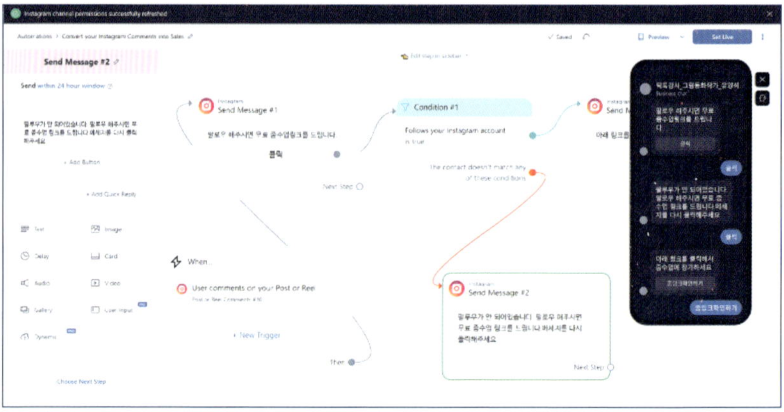

[그림15] 오른쪽 상단에 있는 미리 보기를 클릭하고 테스트를 통해 문제를 미리 발견하고 수정한다.

4) 매니챗의 지속적 관리와 개선

매니챗의 설정이 완료된 후에는 지속적으로 관리하고 개선해 나가는 것이 중요하다. 고객의 피드백을 반영해 메시지를 수정하거나, 새로운 마케팅 전략에 맞게 챗봇의 설정을 업데이트할 필요가 있다. 이를 통해 매니챗을 활용한 마케팅 효과를 극대화할 수 있다.

(1) 피드백 반영

고객의 피드백을 수집해 매니챗의 메시지를 개선한다. 예를 들어, 고객이 특정 메시지에 혼란을 느꼈다는 피드백이 있다면, 해당 메시지를 더 명확하게 수정할 필요가 있다.

(2) 정기적 업데이트

새로운 프로모션이나 마케팅 전략에 맞춰 챗봇의 설정을 정기적으로 업데이트한다. 새로운 제품 출시나 이벤트가 있을 때마다, 관련 정보를 고객에게 자동으로 안내할 수 있도록 설정을 변경한다.

(3) 성과 분석 및 최적화

매니챗의 분석 도구를 활용해 캠페인의 성과를 주기적으로 분석하고 이를 바탕으로 챗봇을 최적화한다. 예를 들어, 특정 메시지의 오픈율이 낮다면, 메시지 내용을 수정하거나 발송 시간을 조정하는 등의 조치를 취할 수 있다.

매니챗의 설치와 세팅 과정은 마케팅 자동화의 첫걸음이며 이를 올바르게 수행하면 고객과의 소통이 더욱 원활해지고, 마케팅 성과도 크게 향상될 수 있다. 이러한 과정을 통해 매니챗을 최적화하고 비즈니스 성장에 기여할 수 있는 강력한 도구로 활용하기를 바란다.

3. 고객 맞춤형 자동 메시지 플로우 구축하기

플로우란 고객이 특정 행동을 취할 때마다 자동으로 발송되는 메시지 시퀀스를 의미한다. 이는 고객의 행동과 선호도에 따라 맞춤형 메시지를 제공함으로써 고객 경험을 개인화하는 데 중요한 역할을 한다.

따라서 고객 맞춤형 자동 메시지 플로우는 고객의 특정 행동이나 조건에 반응해 적절한 메시지를 자동으로 발송하는 시스템으로 고객과의 상호작용을 보다 개인화하고 효율적으로 관리할 수 있도록 돕는다. 고객 맞춤형 자동 메시지 플로우는 매니챗을 활용한 마케팅에서 핵심적인 역할을 한다. 이 플로우를 통해 고객의 행동에 따라 적절한 메시지를 자동으로 발송해 개인화된 경험을 제공할 수 있다. 이 장에서는 고객 맞춤형 자동 메시지 플로우를 단계별로 구축하는 방법을 자세히 안내한다.

1) 자동 메시지 플로우의 개념과 중요성

자동 메시지 플로우는 고객의 행동에 따라 사전에 설정된 메시지가 자동으로 발송되는 과정을 의미한다. 이를 통해 고객의 요구에 신속하게 대응하고, 개인화된 경험을 제공할 수 있다. 이러한 플로우는 고객 만족도를 높이고, 더 나아가 고객의 구매 전환율을 향상시키는 데 중요한 역할을 한다.

(1) 고객의 행동 분석

자동 메시지 플로우를 설계하기 전에 고객이 어떤 행동을 취할 때 특정 메시지를 받을 것인지를 분석해야 한다. 예를 들어, 고객이 제품 페이지를 방문한 후 구매하지 않고 나갔다면 이를 기반으로 재방문을 유도하는 메시지를 설정할 수 있다.

(2) 플로우의 주요 구성 요소

매니챗 플로우의 구성요소는 고객과의 자동화된 대화를 설계하고 실행하는 데 필수적인 요소들로 구성된다.

① 트리거(Trigger)

사용자의 특정 행동이나 조건에 따라 플로우가 시작되는 지점을 설정한다. 예를 들어, 사용자가 특정 버튼을 클릭하거나 메시지를 입력하면 플로우가 시작될 수 있다.

② 메시지 블록(Message Block)

플로우 내에서 사용자에게 전송되는 메시지를 구성하는 요소이다. 텍스트, 이미지, 버튼, 카드 등 다양한 형태의 메시지를 포함할 수 있다.

③ 조건(Condition)

사용자의 응답이나 행동에 따라 다른 경로로 플로우를 분기시키는 요소이다. 이를 통해 사용자 경험을 더욱 개인화할 수 있다.

④ 행동(Action)

플로우 내에서 특정 작업을 수행하는 요소이다. 예를 들어, 태그 추가, 사용자 속성 업데이트, 외부 API 호출 등이 포함된다.

이러한 구성요소들을 적절히 활용해 매니챗 플로우를 설계하면, 고객에게 맞춤형 경험을 제공할 수 있다.

(3) 개인화의 중요성

개인화된 메시지는 고객이 자신의 요구에 맞춰져 있다고 느끼게 만들어 참여도를 높인다. 이를 통해 고객은 더 큰 만족감을 느끼며 브랜드에 대한 충성도가 강화된다.

2) 자동 메시지 플로우 설계

자동 메시지 플로우를 설계하는 과정에서는 고객의 다양한 시나리오를 고려해야 한다. 여기서 중요한 것은 메시지가 자연스럽게 이어지도록 플로우를 설계하는 것이다. 이 절에서는 플로우 설계의 기본적인 단계와 방법을 소개한다.

한 반응 시나리오를 시뮬레이션해, 메시지가 예상대로 전달되는지 확인하는 과정이다.

- 예시 : 고객이 '예' 또는 '아니요'라고 응답했을 때 각각의 메시지가 올바르게 발송되는지 테스트한다.

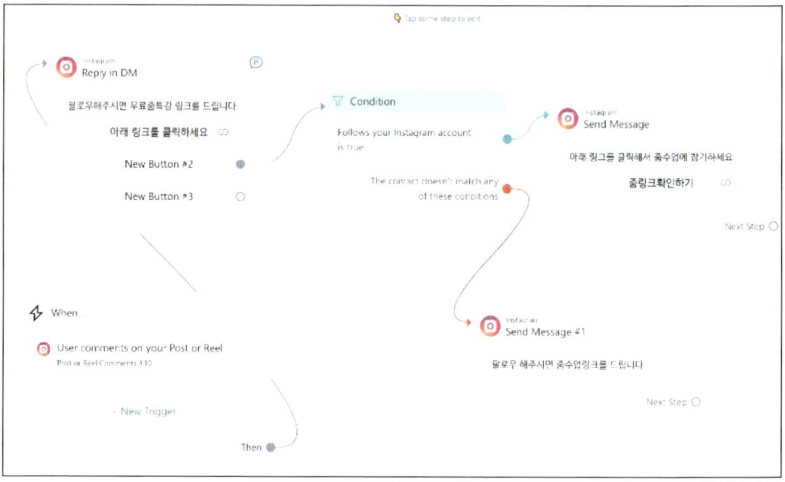

[그림16] 조건부 설정을 사용하기 위해 컨디션 장치를 설정하는 방법

(3) 피드백 반영 및 최적화

테스트 결과와 실제 운영 중 수집된 피드백을 바탕으로 플로우를 지속적으로 최적화한다. 이를 통해 플로우의 효과를 극대화하고 고객의 만족도를 높일 수 있다.

- 예시 : 테스트 중 발견된 문제점이나 고객의 피드백을 반영해 메시지 내용을 수정하거나, 플로우의 분기 조건을 조정한다.

(4) 실전 적용과 사례 분석

자동 메시지 플로우가 설계되고 테스트가 완료되면 이를 실전에 적용해 실제로 어떤 성과를 거두는지 분석할 필요가 있다. 이 절에서는 성공적인 자동 메시지 플로우 사례를 소개하고 이를 분석해 주요 성공 요인을 도출한다.

4) 성공 사례 분석

(1) 높은 성과 거둔 사례 분석

실제 비즈니스에서 자동 메시지 플로우를 활용해 높은 성과를 거둔 사례를 분석한다. 이러한 사례를 통해 어떤 요소가 성공적인지, 어떤 부분을 개선할 수 있는지를 파악할 수 있다.

- 예시 : 전자상거래 사이트에서 자동 메시지 플로우를 통해 20% 이상의 재방문율 증가를 달성한 사례를 분석한다.

(2) 성과지표 설정

자동 메시지 플로우의 성공 여부를 평가하기 위한 주요 성과 지표(KPI)를 설정한다. 예를 들어, 메시지 오픈율, 클릭률, 전환율 등이 주요 지표가 될 수 있다.

- 예시 : 플로우 시작 후 고객의 구매 전환율이 15% 이상 증가했는지 평가한다.

(3) 지속적 개선 및 확장

성공적인 플로우는 지속적으로 관리하고 개선해 나가야 한다. 또한 새로운 마케팅 전략에 맞춰 플로우를 확장하거나, 추가적인 플로우를 설계해 마케팅 효과를 극대화할 수 있다.

- 예시 : 시즌별 프로모션에 맞춰 플로우를 업데이트하거나, 새로운 고객 세그먼트에 맞춘 플로우를 추가로 설계한다.

이와 같은 방법으로 고객 맞춤형 자동 메시지 플로우를 구축하면 매니챗을 통한 마케팅 자동화의 효과를 극대화할 수 있다. 고객의 행동에 따라 맞춤형 메시지를 제공함으로써 더 높은 고객 만족도와 구매 전환율을 달성할 수 있을 것이다.

4. 효과적인 마케팅 캠페인 운영 전략과 실습

효과적인 마케팅 캠페인을 운영하려면 명확한 전략을 수립하고 이를 실전에 적용하는 과정이 필요하다. 매니챗을 활용한 마케팅 캠페인은 고객과의 상호작용을 통해 높은 참여율을 이끌어낼 수 있다. 이 장에서는 매니챗을 활용해 마케팅 캠페인을 계획하고 실행하는 방법을 단계별로 설명한다.

1) 마케팅 캠페인 기획

마케팅 캠페인의 성공 여부는 초기 기획 단계에서 결정된다. 이 단계에서는 목표 설정, 타겟 고객 정의, 메시지 전략 수립이 핵심이다. 명확한 목표와 타깃팅을 통해 캠페인의 효과를 극대화할 수 있다.

(1) 목표 설정

캠페인의 목표를 명확히 설정해야 한다. 예를 들어, 신규 고객 유치, 기존 고객 유지, 매출 증대 등의 목표를 설정할 수 있다. 목표가 명확할수록 캠페인의 방향이 구체화되고 이를 통해 성과를 측정하기도 쉬워진다.

- 예시 : 이번 캠페인을 통해 신규 가입자 수를 20% 증가시키는 것을 목표로 한다.

(2) 타겟 고객 정의

타깃 고객을 명확히 정의하는 것이 중요하다. 타깃 고객이 누구인지, 그들의 관심사와 행동 패턴은 무엇인지 파악해야 한다. 이를 바탕으로 고객 세분화를 진행해 각 그룹에 맞춤형 메시지를 전달할 수 있다.

- 예시 : 25~35세 사이의 젊은 직장인 여성, 온라인 쇼핑 빈도가 높은 고객을 주요 타깃으로 설정한다.

(3) 메시지 전략 수립

목표와 타겟 고객이 설정되면 이들에게 전달할 메시지를 전략적으로 설계해야 한다. 메시지는 고객의 관심을 끌고 행동을 유도할 수 있는 내용이어야 한다. 또한 고객의 여정에 따라 다양한 메시지 플로우를 준비해야 한다.

- 예시 : 초기 메시지에서는 할인 혜택을 강조하고 후속 메시지에서는 상품의 고유한 특장점을 소개한다.

2) 캠페인 실행 및 관리

캠페인 기획이 완료되면, 이를 실행에 옮기는 단계로 넘어간다. 매니챗을 활용해 캠페인을 시작하고, 고객의 반응을 실시간으로 모니터링하며 필요 시 조정할 수 있어야 한다.

(1) 캠페인 시작

매니챗에서 설정한 메시지 플로우를 기반으로 캠페인을 시작한다. 이때 캠페인은 특정 조건(예: 가입 완료, 특정 페이지 방문 등)에 따라 자동으로 시작될 수 있도록 설정한다. 자동화된 플로우를 통해 고객과의 지속적인 상호작용을 유지할 수 있다.

- 예시 : 가입 완료 후 1시간 이내에 첫 번째 환영 메시지를 자동으로 발송한다.

(2) 고객 참여 유도

다양한 메시지와 상호작용 요소(예: 퀴즈, 설문조사, 이벤트)를 통해 고객의 참여를 유도한다. 참여도가 높은 캠페인은 고객의 관심을 지속적으로 유지할 수 있으며, 더 높은 전환율로 이어질 가능성이 크다.

- 예시 : 고객이 참여할 수 있는 퀴즈를 통해 쿠폰을 제공하고, 이를 통해 추가 구매를 유도한다.

(3) 실시간 모니터링

캠페인이 진행되는 동안 고객의 반응을 실시간으로 모니터링한다. 매니챗의 분석 도구를 활용해 메시지 오픈율, 클릭율, 전환율 등을 체크하며 필요 시 캠페인을 조정한다. 이를 통해 캠페인의 효과를 극대화할 수 있다.

- 예시 : 첫 번째 메시지의 클릭률이 낮다면, 두 번째 메시지의 내용을 조정하거나 발송 시간을 변경해 본다.

3) 성과 분석 및 피드백 반영

캠페인이 종료되면 성과를 분석해 목표 달성 여부를 평가하고 이를 바탕으로 다음 캠페인에 반영할 개선점을 도출해야 한다. 성과 분석을 통해 캠페인의 강점과 약점을 파악할 수 있으며, 이를 토대로 더 나은 결과를 얻을 수 있다.

(1) 성과 분석

매니챗의 분석 도구를 활용해 캠페인의 성과를 측정한다. 오픈율, 클릭률, 전환율 등의 주요 지표를 기준으로 캠페인이 얼마나 성공적이었는지 평가한다. 또한 각 메시지 플로우가 효과적으로 작동했는지 여부를 확인하고, 어느 부분이 가장 큰 영향을 미쳤는지 분석한다.

- 예시 : 이번 캠페인을 통해 신규 가입자 수가 25% 증가했으며, 가장 높은 클릭률을 보인 메시지는 할인 쿠폰 제공 메시지였다.

(2) 피드백 수집

캠페인 종료 후 고객의 피드백을 수집해 분석에 활용한다. 이를 통해 고객이 어떤 점을 긍정적으로 평가했는지, 어떤 부분에서 개선이 필요한지 파악할 수 있다. 피드백은 다음 캠페인에서 더욱 효과적인 전략을 수립하는 데 중요한 역할을 한다.

- 예시 : 고객 설문 조사를 통해 캠페인에서 제공한 콘텐츠에 대한 만족도를 평가하고 추가적인 개선점을 도출한다.

(3) 개선 및 다음 캠페인 준비

성과 분석과 피드백을 바탕으로 캠페인의 개선점을 도출하고 이를 다음 캠페인에 반영한다. 성공적인 전략은 유지하고 약점으로 지적된 부분은 보완해 더 나은 캠페인을 준비한다. 또한 새로운 타겟 고객이나 제품에 맞춘 캠페인 전략을 기획해 실행에 옮긴다.

- 예시 : 고객의 피드백을 반영해 다음 캠페인에서는 메시지 전달 시간을 저녁 시간대로 조정하고, 더 명확한 혜택을 강조하는 전략을 도입한다.

4) 캠페인 확장 및 응용

기본적인 캠페인 운영 전략이 성공적으로 적용됐다면 이를 확장해 더욱 다양한 마케팅 활동에 활용할 수 있다. 매니챗의 강력한 기능을 활용해 멀티채널 캠페인을 운영하거나 특정 고객 세그먼트를 대상으로 맞춤형 캠페인을 진행하는 것도 가능하다.

(1) 멀티채널 캠페인 운영

매니챗을 활용해 페이스북 메신저뿐만 아니라 인스타그램, 웹사이트 채팅, 이메일 등 다양한 채널에서 동시다발적으로 캠페인을 운영할 수 있다. 이를 통해 고객에게 일관된 메시지를 전달하고, 더 많은 접점을 만들어낼 수 있다.

- 예시 : 페이스북 메신저를 통해 캠페인을 시작하고, 이메일로 후속 메시지를 보내 고객의 구매를 유도한다.

(2) 맞춤형 캠페인 진행

특정 고객 세그먼트를 대상으로 맞춤형 캠페인을 설계해 운영한다. 이를 통해 더 높은 참여율과 전환율을 기대할 수 있으며 고객에게 더욱 개인화된 경험을 제공할 수 있다.

- 예시 : 지난 3개월 동안 구매 이력이 있는 고객에게만 추가 할인 혜택을 제공하는 맞춤형 캠페인을 진행한다.

(3) 성과지표 확장 및 분석

기존의 성과지표 외에도 캠페인의 장기적인 영향을 평가할 수 있는 추가 지표를 설정해 분석한다. 이를 통해 캠페인이 브랜드 인지도, 고객 충성도 등 장기적인 목표에 얼마나 기여했는지를 평가할 수 있다.

- 예시 : 캠페인 종료 후 3개월 동안의 재구매율을 분석해 장기적인 효과를 평가한다.

이와 같은 방법으로 효과적인 마케팅 캠페인을 운영하면 매니챗을 통한 마케팅 활동의 성과를 극대화할 수 있다. 고객과의 지속적인 상호작용을 통해 브랜드에 대한 긍정적인 인식을 구축하고 궁극적으로 더 높은 매출 성장을 이끌어낼 수 있을 것이다.

5. 매니챗 성과 분석을 통한 ROI 극대화 방법

매니챗을 활용한 마케팅 캠페인의 성공 여부는 성과 분석을 통해 명확하게 판단할 수 있다. 성과 분석은 단순히 결과를 확인하는 것을 넘어 이를 기반으로 ROI(투자 대비 수익)를 극대화할 수 있는 전략을 도출하는 데 중요한 역할을 한다. ROI(투자 수익률)는 투자 비용 대비 얻은 이익을 측정하는 지표이다. 이는 특정 투자에서 발생한 이익을 투자 비용으로 나눈 비율로 계산된다. ROI는 투자 성과를 평가하고 다른 투자 옵션과 비교하는 데 사용된다. 이 장에서는 매니챗의 성과 분석 방법과 이를 통해 ROI를 극대화하는 구체적인 방법을 단계별로 설명한다.

1) 성과 분석의 중요성

'성과 분석'은 마케팅 캠페인의 성공 여부를 평가하고 미래의 캠페인을 개선하는 데 필수적인 단계이다. 이를 통해 어떤 요소가 캠페인의 성과에 긍정적인 영향을 미쳤는지, 반대로 개선이 필요한 부분은 무엇인지 파악할 수 있다. 이 과정에서 주요 성과 지표(KPI)를 설정하고 이를 기반으로 객관적인 분석을 진행하는 것이 중요하다.

'성과 지표(KPI)'란 조직의 비즈니스 목표 달성 여부를 정량적으로 측정하는 지표이다. KPI는 성과를 평가하고 개선이 필요한 부분을 파악하는 데 사용한다. 이를 통해 조직은 전략적 결정을 내리고 목표를 효과적으로 달성할 수 있다.

(1) 성과 지표(KPI) 설정

성과 분석의 첫 번째 단계는 주요 '성과 지표(KPI)'를 설정하는 것이다. 일반적으로 매니챗 캠페인에서 중요한 KPI는 메시지 오픈율, 클릭율, 전환율 등이 있다. 이러한 지표들은 캠페인이 얼마나 효과적으로 고객의 관심을 끌고, 행동을 유도했는지 평가하는 데 중요한 기준이 된다.

고객이 메시지를 열어본 비율로 메시지가 얼마나 잘 전달되고 있는지를 평가할 수 있다. 메시지 내에서 제공한 링크나 버튼을 클릭한 비율로 메시지가 고객에게 얼마나 흥미롭게 다가갔는지를 측정한다. 고객이 메시지를 통해 실제로 구매나 예약 등 목표 행동을 완료한 비율을 분석한다.

[그림17] 내 자동화에서 실행, 클릭률, 수정됨 등을 확인해 성과지표 분석

(2) 성과 분석의 주기 설정

성과 분석은 캠페인 종료 후 한 번에 이뤄지는 것이 아니라 주기적으로 진행돼야 한다. 이를 통해 캠페인의 중간 결과를 파악하고 필요 시 즉각적인 조치를 취할 수 있다. 예를 들어, 주간 단위로 성과를 분석해 중간에 문제가 발견되면 즉시 수정하고, 최종 성과를 극대화할 수 있다.

(3) 성과 분석 도구 활용

매니챗은 자체적으로 성과 분석 도구를 제공해 캠페인의 실시간 데이터를 수집하고 분석할 수 있다. 이러한 도구를 활용하면 다양한 지표를 실시간으로 모니터링하고 고객의 반응을 빠르게 파악할 수 있다. 또한 데이터를 시각적으로 표현해 성과를 한눈에 이해할 수 있다. 매니챗 대시보드를 통해 실시간 성과 데이터를 확인하고 중요한 지표를 한눈에 파악한다. 캠페인 종료 후 성과 리포트를 생성해 각 지표별로 성과를 분석하고, 이를 팀원들과 공유할 수 있다.

2) 성과 분석 결과 해석

성과 분석이 완료되면 그 결과를 해석해 캠페인의 강점과 약점을 파악해야 한다. 이 과정에서 각 성과지표가 캠페인 목표와 어떻게 연관되는지를 분석하고 그에 따라 개선점을 도출한다. 이를 통해 캠페인의 성공 요인을 명확히 이해하고, 향후 캠페인에 반영할 전략을 세울 수 있다.

(1) 강점 파악

먼저 캠페인에서 잘 수행된 부분을 파악한다. 예를 들어, 특정 메시지의 클릭률이 높았다면 해당 메시지가 고객의 관심을 끌기에 충분한 내용을 담고 있었음을 의미한다. 이러한 강점은 향후 캠페인에서 더욱 강화해야 할 부분이다.

- 예시 : 할인 혜택을 강조한 메시지가 전체 메시지 중 가장 높은 클릭률을 기록했다.

(2) 약점 분석

다음으로 개선이 필요한 약점을 분석한다. 예를 들어, 메시지 오픈율이 낮다면 메시지 제목이나 발송 시간이 적절하지 않았을 가능성이 있다. 이러한 약점을 분석해 구체적인 개선 방안을 마련한다.

- 예시 : 특정 시간대에 발송된 메시지의 오픈율이 낮았으므로, 발송 시간을 조정할 필요가 있다.

(3) 캠페인 목표 달성 여부 평가

마지막으로, 성과지표를 기반으로 캠페인 목표가 달성됐는지 평가한다. 목표 달성 여부는 캠페인의 전반적인 성공을 판단하는 기준이 된다. 목표가 달성되지 않았다면 그 이유를 분석하고 다음 캠페인에서 어떻게 보완할지 계획을 세운다.

- 예시 : 신규 가입자 수 목표를 10% 초과 달성했으나, 전환율 목표는 미달했다.

3) ROI 극대화를 위한 전략 도출

성과 분석 결과를 바탕으로 ROI를 극대화할 수 있는 구체적인 전략을 도출해야 한다. 이 과정에서는 캠페인 성과를 향상시키기 위한 다양한 방법을 고민하고 실제로 적용할 수 있는 방안을 마련한다. ROI를 극대화하기 위해서는 성공적인 요소를 반복하고 약점을 보완하는 접근이 필요하다.

(1) 성공 전략 반복

성과 분석을 통해 파악된 성공적인 요소를 다음 캠페인에서 반복적으로 활용한다. 예를 들어, 특정 메시지가 높은 전환율을 기록했다면 유사한 메시지 전략을 다른 캠페인에서도 적용할 수 있다. 이를 통해 꾸준히 높은 ROI를 유지할 수 있다.

- 예시 : 고객 리뷰를 강조한 메시지가 높은 전환율을 기록했으므로, 다음 캠페인에서도 리뷰를 활용한 메시지를 사용한다.

(2) 약점 보완 및 테스트

성과 분석에서 도출된 약점을 보완하고 이를 검증하기 위해 새로운 테스트를 진행한다. 예를 들어, 낮은 오픈율 문제를 해결하기 위해 메시지 제목을 변경하고 이를 A/B 테스트를 통해 검증한다. 테스트 결과를 바탕으로 최적의 전략을 확정하고 이를 캠페인에 반영한다.

- 예시 : A/B 테스트를 통해 최적의 메시지 제목을 찾아내고, 이를 전체 캠페인에 적용한다.

(3) 성과 최적화 도구 활용

매니챗에서 제공하는 다양한 최적화 도구를 활용해 캠페인의 성과를 지속적으로 개선한다. 예를 들어, 자동화된 리타깃팅 기능을 통해 이전에 반응이 없었던 고객을 다시 유도하거나, 개인화된 메시지를 통해 고객의 관심을 끄는 전략을 사용할 수 있다.

- 예시 : 리타깃팅 기능을 활용해 이전 캠페인에서 반응이 없었던 고객에게 새로운 제안을 전달한다.

4) 지속적인 ROI 관리와 개선

캠페인이 종료된 후에도, ROI를 지속적으로 관리하고 개선하는 노력이 필요하다. 이는 장기적인 관점에서 마케팅 전략의 효과를 극대화하고 브랜드의 성장을 지속적으로 지원하는 중요한 요소이다. ROI 관리와 개선을 위해 주기적인 리뷰와 업데이트가 필요하다.

(1) 주기적인 성과 리뷰

캠페인 종료 후 일정 기간이 지난 후에도 성과를 리뷰해, 장기적인 효과를 평가한다. 이를 통해 단기 성과뿐만 아니라, 장기적인 브랜드 인지도와 고객 충성도에도 긍정적인 영향을 미쳤는지 파악할 수 있다.

- 예시 : 캠페인 종료 후 6개월간의 재구매율을 분석해 장기적인 ROI를 평가한다.

(2) 전략적 업데이트

시장 변화나 고객의 요구에 따라 캠페인 전략을 주기적으로 업데이트 한다. 이를 통해 항상 최신 트렌드에 맞는 효과적인 마케팅 전략을 유지할 수 있다.

- 예시 : 새로운 고객 세그먼트를 대상으로 한 캠페인 전략을 추가하고, 기존 전략을 조정한다.

(3) 성과 개선을 위한 피드백 루프 구축

성과 분석과 피드백을 통해 지속적인 개선이 이뤄질 수 있도록 피드백 루프를 구축한다. 이를 통해 모든 캠페인에서 성과 개선을 위한 학습이 이뤄지고 이는 점진적으로 누적돼 더욱 효과적인 캠페인을 만들어 간다.

- 예시 : 모든 캠페인 종료 후 피드백을 수집해 차기 캠페인 전략 수립 시 반영한다.

매니챗 성과 분석을 통해 ROI를 극대화하는 방법은 지속적인 노력과 개선을 통해 이뤄진다. 성과를 면밀히 분석하고 이를 기반으로 전략을 도출하며, 주기적으로 캠페인을 리뷰하고 개선함으로써 장기적인 성과를 극대화할 수 있다. 이를 통해 매니챗을 활용한 마케팅 활동을 한다.

제4장
AI 기반 그로스 해킹

Prologue

우리는 지금, 인공지능(AI)이 마케팅의 새로운 지평을 열어가는 시대에 살고 있다. 데이터의 힘과 이를 해석하는 AI 기술의 발전은 기업들이 고객을 이해하고, 그로부터 얻은 인사이트를 바탕으로 더 나은 결정을 내릴 수 있도록 돕고 있다. 특히 그로스 해킹이라는 전략은 AI와 결합하면서 전례 없는 성장 가능성을 열어가고 있다.

이 책은 AI 기반 그로스 해킹의 원리와 실천 방법을 다루며 국내외 성공 사례를 통해 어떻게 AI가 마케팅의 판도를 바꾸고 있는지를 탐구한다. 독자는 AI를 활용한 마케팅 전략이 어떻게 데이터를 통해 빠르고 정확하게 최적화될 수 있는지를 배우게 될 것이다.

이 책을 통해 여러분은 AI가 그로스 해킹에 미치는 영향 그리고 이를 통해 어떻게 기업이 빠르게 변화하는 시장에서 경쟁력을 유지하고 성장할 수 있는지에 대한 깊은 통찰을 얻게 될 것이다. 이제, AI와 그로스 해킹의 세계로 들어가 보자.

1. AI와 그로스 해킹의 융합

이 장에서는 AI와 그로스 해킹이 어떻게 결합돼 기업의 성장을 촉진하는지 소개한다. AI는 대규모 데이터를 분석하고 실시간으로 고객 행동을 예측하며, 개인화된 마케팅 전략을 제공한다. 그로스 해킹은 이러한 AI 기술을 활용해 신속한 실험과 최적화를 통해 빠르게 시장에서 경쟁 우위를 확보하고 성장을 극대화하는 전략을 가능하게 한다. 이 융합은 현대 마케팅의 새로운 패러다임을 제시한다.

1) 그로스 해킹의 개요

그로스 해킹은 기존의 마케팅 전략과 달리 데이터와 실험을 통해 빠르게 시장에 적응하고 성장할 수 있도록 설계된 전략이다. AARRR 프레임워크(Acquisition, Activation, Retention, Revenue, Referral)는 이러한 그로스 해킹의 근간을 이루며 각 단계에서 사용자 행동을 면밀히 분석하고 최적화하는 과정을 통해 성장을 극대화한다.

2) AI가 그로스 해킹에 미치는 영향

AI는 그로스 해킹의 핵심 요소인 데이터 분석과 실험을 강화하는 도구로 대규모 데이터를 실시간으로 처리하고 행동 패턴을 예측해 마케팅 전략을 최적화한다. 예를 들어, 머신러닝 알고리즘을 사용해 고객의 전환 가능성을 예측하고 이를 바탕으로 개인화된 마케팅 캠페인을 운영할 수 있다.

3) AI 기반 그로스 해킹의 필요성

디지털 마케팅의 경쟁이 날로 치열해지면서 AI를 활용한 그로스 해킹이 필수 전략으로 자리 잡고 있다. AI는 방대한 데이터를 실시간으로 분석해 변화하는 고객의 니즈를 신속하게 파악하고 이를 바탕으로 정확한 의사결정을 내릴 수 있도록 도와준다. 특히 급변하는 시장 환경에서는 이러한 신속성과 정확성이 경쟁 우위를 유지하는 데 필수적이다. AI는 기업이 지속적으로 성장할 수 있도록 지원하는 핵심 도구로 자리매김하고 있다.

2. AI를 활용한 AARRR 프레임워크 적용

'AARRR 프레임워크(Acquisition, Activation, Retention, Revenue, Referral)'는 고객의 전체 여정을 다섯 단계로 나눠 분석하고 최적화하는 그로스 해킹의 기본 전략이다. AI를 활용하면 이 프레임워크의 각 단계를 더욱 정교하게 다룰 수 있다. AI는 고객 데이터를 실시간으로 분석해 맞춤형 전략을 제시하고 효율적인 실험을 통해 최적의 결과를 도출할 수 있게 한다. 이로써 기업은 고객의 유입부터 수익화 그리고 추천에 이르는 모든 단계에서 성과를 극대화할 수 있다.

예를 들어, AI는 '고객 유치(Acquisition)' 단계에서 가장 효과적인 타깃팅 전략을 자동으로 식별하고 '활성화(Activation)' 단계에서는 개인화된 사용자 경험을 제공해 전환율을 높인다. '리텐션(Retention)' 단계에서는 이탈 가능성이 높은 고객을 예측해 적절한 조치를 취하고, 수'익화(Revenue)' 단계에서는 최적의 가격 전략을 구현해 매출을 극대화한다. 마지막으로, '추천(Referral)' 단계에서는 바이럴 효과를 증대시키는 맞춤형 추천 시스템을 설계해 고객이 자발적으로 브랜드를 홍보하도록 유도한다.

AI를 활용한 AARRR 프레임워크 적용은 그로스 해킹의 모든 단계를 더욱 효과적으로 실행할 수 있게 하며 이를 통해 기업은 빠르게 변화하는 시장에서 경쟁력을 유지하고 지속적인 성장을 이룰 수 있다.

1) AARRR 개요

AARRR 프레임워크는 고객 여정의 각 단계를 분석하고 최적화하기 위한 도구이다. AI는 이 프레임워크의 각 단계를 더 정교하게 분석하고 최적화하는 데 중요한 역할을 한다.

단계	설명
Acquisition	고객이 처음으로 제품이나 서비스와 상호작용하는 단계입니다.
Activation	고객이 제품을 사용하고 가치를 경험하는 단계입니다.
Retention	고객이 반복적으로 제품을 사용하는 단계입니다.
Revenue	고객이 실제로 구매를 통해 수익을 창출하는 단계입니다.
Referral	고객이 다른 사람에게 제품을 추천하는 단계입니다.

[표1] 단계별 프레임워크

기업은 각 단계에서 고객 행동을 분석하고 최적화해 전체적으로 더 나은 성과를 이끌어 낼 수 있다.

2) AI를 활용한 고객 유치 (Acquisition)

AI는 고객 유치 과정에서 사용자 데이터를 분석하고, 최적의 타깃팅 전략을 제안한다. 이를 통해 광고 비용을 절감하고, 보다 높은 전환율을 달성할 수 있다.

(1) 국내 사례(네이버 파워링크)

네이버는 AI를 통해 검색어 데이터를 분석해 사용자에게 맞춤형 광고를 제공함으로써 클릭률을 20% 이상 증가시켰다.

(2) 해외 사례(구글 애즈 Google Ads)

구글은 머신러닝을 활용한 스마트 입찰 전략을 통해 광고주의 예산을 최적화하고 클릭당 비용(CPC)을 15% 절감하면서 전환율을 30% 이상 향상시켰다.

3) AI 기반 활성화 (Activation) 전략

활성화 단계에서는 사용자가 제품이나 서비스에 얼마나 적극적으로 참여하는지를 분석한다. AI는 고객의 행동을 예측하고, 개인화된 경험을 제공해 활성화를 극대화할 수 있다.

(1) 국내 사례(카카오 비즈보드)

카카오는 AI를 통해 사용자 행동을 분석하고 카카오톡 내 다양한 위치에 최적화된 광고를 노출해 전환율을 25% 이상 높였다.

(2) 해외 사례(Facebook Ads)

Facebook은 AI 기반 타깃팅과 개인화된 콘텐츠를 제공해 사용자 참여를 극대화하고 있으며 이를 통해 광고 비용 대비 효율성을 40% 이상 증가시켰다.

4) 리텐션 (Retention) 최적화

리텐션은 고객을 유지하는 데 중요한 요소이다. AI를 통해 고객 이탈 가능성을 예측하고 이를 방지하기 위한 맞춤형 전략을 제안할 수 있다.

(1) 국내 사례(쿠팡의 AI 기반 추천 시스템)

쿠팡은 AI를 활용해 고객의 구매 패턴을 분석하고 맞춤형 추천을 제공함으로써 리텐션율을 35% 증가시켰다.

(2) 해외 사례(Amazon의 개인화 전략)

Amazon은 AI를 통해 고객의 쇼핑 이력을 분석하고, 개인화된 추천을 제공함으로써 리텐션율을 20% 이상 향상시켰다.

5) 수익화 (Revenue) 극대화

수익화 단계에서는 매출을 극대화하기 위한 다양한 전략이 사용된다. AI는 고객의 구매 가능성을 예측하고, 최적의 가격 전략을 제안함으로써 수익을 극대화할 수 있다.

(1) 국내 사례(이베이코리아)

이베이코리아는 AI를 활용해 제품의 수요를 예측하고 이에 따라 가격을 조정해 매출을 15% 이상 증대시켰다.

(2) 해외 사례(Shopify의 AI 기반 판매 예측)

Shopify는 AI를 사용해 고객의 구매 패턴을 분석하고 이를 통해 맞춤형 마케팅 캠페인을 운영함으로써 판매량을 25% 증가시켰다.

6) 추천 (Referral) 시스템 구현

추천 시스템은 AI 기반 바이럴 마케팅 전략의 핵심이다. AI는 고객이 친구를 초대하거나 제품을 추천할 가능성을 높이는 맞춤형 전략을 제안할 수 있다.

(1) 국내 사례(토스의 친구 초대 프로그램)

토스는 AI를 통해 사용자 행동을 분석하고 친구 초대 프로그램을 최적화해 사용자 수를 빠르게 증가시켰다.

(2) 해외 사례(Dropbox의 바이럴마케팅)

Dropbox는 AI 기반 추천 시스템을 통해 친구를 초대할 때마다 추가 저장 공간을 제공하는 전략으로 사용자 수를 급격히 증가시켰다.

3. AI 기반 그로스 해킹 도구와 기술

1) 주요 AI 도구 소개

그로스 해킹에 사용할 수 있는 주요 AI 도구로는 Google Analytics, Facebook Business, Mixpanel, Amplitude 등이 있다. 이 도구들은 사용자 행동을 분석하고 실시간으로 피드백을 제공해 전략을 최적화하는 데 도움을 준다.

2) AI를 활용한 데이터 분석과 최적화

AI를 사용하면 대규모 데이터를 실시간으로 분석하고 사용자의 행동 패턴을 예측할 수 있다. 이를 통해 빠르게 전략을 수정하고 최적의 결과를 도출할 수 있다.

3) 실시간 데이터 기반 그로스 해킹

실시간 데이터 분석은 그로스 해킹에서 매우 중요하다. AI를 활용하면 실시간으로 데이터를 분석하고, 이를 기반으로 전략을 빠르게 수정할 수 있다.

4. 국내외 사례 분석

1) 국내 사례

(1) 네이버

네이버는 AI 기반 검색 광고를 통해 사용자에게 최적화된 광고를 제공해 클릭률을 크게 향상시켰다.

(2) 카카오

카카오는 AI를 활용한 비즈보드 광고를 통해 사용자 참여를 극대화하고 있다.

(3) 쿠팡

쿠팡은 AI 기반 추천 시스템을 통해 고객 만족도를 높이고 리텐션율을 향상시키고 있다.

2) 해외 사례

(1) Facebook

Facebook은 AI 기반 타깃팅 기술을 활용해 광고 효율성을 극대화하고 있다. Facebook의 AI는 사용자의 행동 패턴과 관심사를 분석해 가장 적합한 광고를 노출하고 이를 통해 전환율을 크게 향상시켰다. 특히 Facebook은 개인화된 광고를 통해 광고 비용 대비 효율성을 높이고 있다.

(2) Shopify

Shopify는 AI를 활용해 고객의 구매 패턴을 분석하고 이를 바탕으로 맞춤형 마케팅 캠페인을 실행함으로써 판매량을 25% 증가시킨 사례가 있다. Shopify는 AI 기반 판매 예측 모델을 통해 효율적인 재고 관리와 고객 맞춤형 프로모션을 제안해 매출을 극대화하고 있다.

3) 데이터 기반의 AI 사례 비교

사례	주요 전략 및 성과	사용된 AI 기술
Amazon	개인화된 상품 추천으로 리텐션율 20% 증가	머신러닝, 데이터 분석
Facebook	AI 기반 타겟팅으로 광고 효율성 40% 향상	행동 패턴 분석, 개인화 광고
Shopify	판매 예측으로 매출 25% 증가	AI 기반 판매 예측 모델
네이버	검색어 데이터 분석으로 클릭률 20% 증가	검색 데이터 분석, 추천 알고리즘
쿠팡	맞춤형 추천 시스템으로 리텐션율 30% 증가	추천 알고리즘, 사용자 행동 분석

[표2] AI 기반 그로스 해킹 도구 및 기술 비교

5. AI 기반 그로스 해킹의 미래

1) AI와 그로스 해킹의 진화

AI와 그로스 해킹은 앞으로도 계속 진화할 것이다. AI는 데이터 처리 능력과 예측 분석 능력을 더욱 강화해 그로스 해킹의 효율성을 극대화할 것이다. 특히 AI는 복잡한 데이터 세트를 빠르게 분석하고, 실시간으로 전략을 수정할 수 있는 능력을 제공할 것이다.

2) 인간과 AI의 협력

AI가 아무리 발전하더라도 인간의 직관과 창의력은 여전히 중요한 역할을 할 것이다. AI는 데이터를 기반으로 전략을 제안하지만 이를 실행하고 조정하는 것은 인간의 역할이다. 인간과 AI의 협력은 그로스 해킹의 성공을 보장하는 핵심 요소가 될 것이다.

3) 윤리적 고려 사항

AI 기반 그로스 해킹이 발전함에 따라, 윤리적 문제도 함께 고려돼야 한다. 데이터 프라이버시 알고리즘의 공정성, AI 사용의 투명성 등은 모두 중요한 윤리적 이슈이다. 기업은 AI를 활용한 마케팅 활동에서 이러한 윤리적 고려 사항을 준수해야 하며 사용자와의 신뢰를 유지하기 위해 노력해야 한다.

Epilogue

AI 기반 그로스 해킹은 현대 디지털 마케팅에서 단순한 선택이 아닌 필수 전략으로 자리 잡았다. 이 책에서 살펴본 바와 같이 AARRR 프레임워크를 중심으로 AI는 고객 유치(Acquisition)에서부터 추천(Referral)에 이르기까지 모든 단계를 실시간으로 분석하고 최적화하는 중요한 역할을 수행한다. 이를 통해 기업들은 빠르게 변화하는 시장 환경에서 경쟁력을 유지하며 지속적인 성장을 이룰 수 있다.

AI의 역할은 단순히 데이터를 분석하는 데 그치지 않는다. AI는 대규모 데이터를 처리해 고객의 행동 패턴을 예측하고 이를 기반으로 맞춤형 마케팅 전략을 제안함으로써 기업이 효율적으로 자원을 활용할 수 있도록 돕는다. 이 과정에서 AI는 기업이 고객의 니즈를 더 깊이 이해하고 보다 효과적인 전략을 개발하는데 기여한다.

하지만 AI의 강력한 도구로서의 활용을 위해서는 몇 가지 중요한 요소들이 결합돼야 한다. 데이터 분석 능력은 물론 이를 해석하고 창의적으로 응용할 수 있는 사고방식이 필요한다. 또한 AI가 제시하는 결과를 윤리적으로 사용하고 데이터 프라이버시와 같은 윤리적 문제를 신중하게 다루는 것도 필수적이다.

AI와 그로스 해킹의 결합은 기업의 성장을 촉진하는 데 매우 효과적이지만 이러한 기술을 올바르게 활용하는 것은 단순히 기술적인 문제를 넘어 인간의 직관과 윤리적 판단이 요구되는 분야이다. 앞으로 AI와 그로스 해킹이 어떻게 진화하고 기업에 어떤 변화를 가져올지 주목할 만한 일이다. 이 책이 여러분이 AI와 그로스 해킹의 세계를 이해하고 이를 통해 더 큰 성장을 이루는 데 도움이 되기를 바란다.

5

생성형 AI로 콘텐츠 제작 (Suno AI & Vrew)

김 정 미

제5장

생성형 AI로 콘텐츠 제작 (Suno AI & Vrew)

Prologue

디지털 시대가 도래하면서 마케팅의 중요성은 더욱 커지고 있다. 특히, 콘텐츠 제작은 기업과 개인이 온라인에서 존재감을 확립하고 고객과 소통하는 데 있어 필수적인 요소로 자리 잡고 있다. 고품질의 콘텐츠는 브랜드 인지도와 신뢰를 높이며, 더 나아가 판매와 수익을 증대시키는 직접적인 도구가 된다. 그러나 콘텐츠 제작은 시간과 노력이 많이 소요되는 작업으로 특히 소상공인이나 마케팅에 익숙하지 않은 이들에게는 큰 도전일 수 있다.

이러한 상황에서 생성형 AI의 등장은 게임 체인저가 되고 있다. 생성형 AI는 사람의 개입을 최소화하면서도 고품질의 콘텐츠를 빠르게 만들어낼 수 있는 기술이다. 이러한 도구는 기존의 복잡한 작업 과정을 단순화하고, 더 나아가 누구나 쉽게 활용할 수 있는 환경을 제공한다. 이 장에서는 생성형 AI 도구인 'Suno'와 'Vrew'를 활용해 콘텐츠를 제작하는 방법을 다룰 것이다.

'Suno' AI는 사용자가 간단한 지시만으로도 원하는 스타일의 음악을 생성할 수 있도록 도와준다. 다양한 장르를 지원하며 몇 초 만에 완성도 높은 곡을 만들어내는 Suno AI는 음악적 배경이 없는 사람들에게도 창작의 기쁨을 제공한다. 또한 직접 가사를 입력하거나 AI가 생성한 가사를 바탕으로 곡을 완성할 수 있어 더욱 맞춤화된 결과물을 얻을 수 있다. 특히 Suno AI는 홍보송이나 광고 음악을 손쉽게 제작할 수 있어 마케팅 활동에 큰 도움이 된다. 회사의 이미지나 브랜드 메시지를 담은 음악을 빠르게 만들어 배포함으로써 고객의 주목을 끌고 브랜드 인지도를 높일 수 있는 강력한 도구가 될 것이다.

'Vrew'는 영상 편집의 문턱을 획기적으로 낮추었다. AI 기술을 활용해 주제만 입력하면 자동으로 영상을 생성해주고 직관적인 인터페이스를 통해 텍스트 기반으로 쉽게 편집할 수 있다. 500여 개의 AI 목소리로 내레이션을 추가할 수 있으며, 10만 개 이상의 저작권 무료 콘텐츠를 제공해 풍부한 영상 자료를 활용할 수 있다. 교육, 비즈니스, 유튜브 등 다양한 분야에서 손쉽게 사용할 수 있는 Vrew는 영상 제작에 대한 두려움을 없애준다.

이 도구들은 여러분이 콘텐츠 제작의 세계로 한 발짝 더 다가가도록 도와줄 것이다. 마케팅 전략을 강화하고, 더 많은 사람에게 다가가고자 하는 소상공인부터 개인 창작자에 이르기까지, 누구나 쉽게 따라할 수 있는 가이드가 될 것이다. 본문의 내용을 실제로 따라 해보고, 여러분의 아이디어와 창의력을 더해 자신만의 독특한 콘텐츠를 만들어보길 바란다. AI를 활용한 콘텐츠 제작의 가능성을 살펴보면서 창작의 새로운 시대를 열어보길 바란다.

1. Suno AI 개요 및 특징

1) Suno AI란?

Suno AI는 사용자가 간단한 지시를 통해 고품질의 음악을 생성할 수 있게 해주는 인공지능 기반 음악 제작 플랫폼이다. 이 플랫폼은 음악적 배경이 없는 사람들도 쉽게 접근해 자신이 원하는 스타일의 음악을 생성할 수 있다.

2) Suno AI 특징

(1) 사용자 친화적 인터페이스

직관적인 인터페이스를 통해 누구나 쉽게 음악을 만들 수 있다.

(2) 다양한 장르 지원

Dance, drum, pop 등 다양한 음악 장르와 스타일을 지원한다.

(3) 빠른 음악 생성

몇 초 만에 최대 4분까지의 음악을 생성할 수 있다. 이전 버전에서는 약 2분 정도의 음악만 만들 수 있었으나, 최근 버전에서는 사용자들이 더 길고 일관된 음악을 만들 수 있도록 업그레이드됐다.

(4) 커스터마이징

사용자가 원하는 가사를 직접 입력해 음악을 생성한다.

(5) 무료 생성

매일 50개의 크레딧을 제공해 하루에 약 10곡을 만들 수 있다.

(6) 다운로드 및 공유 기능

사용자가 생성한 음악을 고음질로 다운로드 받을 수 있는 기능을 제공하며, 이를 통해 개인 소장용으로 저장하거나 다양한 프로젝트에 활용할 수 있다. 또한 소셜 미디어 플랫폼에 쉽게 공유할 수 있는 옵션도 제공한다.

(7) 다양한 활용

① 광고 및 마케팅

기업들은 브랜드에 맞는 배경음악이나 광고용 음악을 제작할 수 있다. 캠페인이나 광고의 톤에 맞는 음악을 빠르게 제작할 수 있다.

② 게임 및 영화

게임 개발자와 영화 제작자들은 특정 장면이나 분위기에 맞는 배경음악을 만들 수 있다. 예를 들어, 공포, 판타지, 액션 등 다양한 장르에 맞는 테마 음악을 손쉽게 생성할 수 있다.

③ 교육

음악 이론 교육이나 창작 수업에 활용할 수 있다. 학생들은 Suno AI를 통해 다양한 음악 스타일을 실험하고 자신만의 곡을 만들면서 학습할 수 있다. 이를 통해 창의력을 높이고 음악 이론을 실질적으로 적용해 볼 수 있다.

④ 팟캐스트 및 콘텐츠 제작

팟캐스터나 유튜버들은 자신의 콘텐츠에 맞는 배경음악이나 테마곡을 만들 수 있다. 이는 콘텐츠의 품질을 높이고, 청취자나 시청자들에게 더 몰입감 있는 경험을 제공할 수 있다.

⑤ 사운드 및 디자인 아트

Suno AI는 실험적인 음악이나 사운드 디자인 프로젝트에도 유용하다. 다양하고 독창적인 음악을 만들 수 있어 창의적인 프로젝트에 이상적이다.

3) Suno AI 구독 플랜

무료로 사용하는 계정에는 매일 하루에 50크레딧이 제공된다. 비상업적 용도로만 사용가능하다. 상업적 사용을 고려한다면 유료 구독을 해야 한다. 유료 구독은 월별 청구와 연간 청구 두 가지 금액으로 나눠져 있고 청구되는 비용이 상이하다. 매월 프로 플랜에서는 2,500크레딧이, 프리미어 플랜에서는 10,000크레딧이 제공된다.

[그림1] Suno AI 구독 플랜

2. Suno AI 시작하기

1) Suno AI 웹사이트 검색

컴퓨터에서 구글 크롬 브라우저를 연다. 검색 바에 'suno'를 입력하고 검색한다.

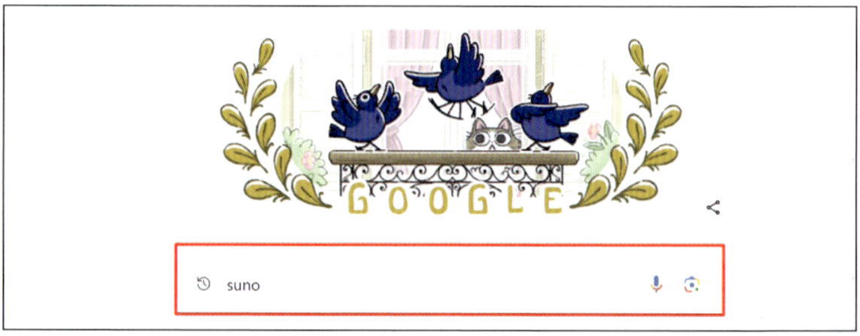

[그림2] 구글에서 'suno' 검색

검색된 화면에서 suno 웹사이트 확인(https://suno.com) 후 클릭해 접속한다.

[그림3] 구글에서 suno 웹사이트 확인(https://suno.com)

2) 회원 가입 및 로그인

좌측 하단의 'Sign In'을 클릭해 회원 가입 및 로그인한다.

[그림4] Suno 웹사이트 홈페이지 회원 가입 및 로그인

최초 가입 시 구글 계정을 사용하면 추후 로그인에서도 복잡한 인증 절차 없이 빠르게 접근 할 수 있어 구글 계정을 사용하기를 추천한다.

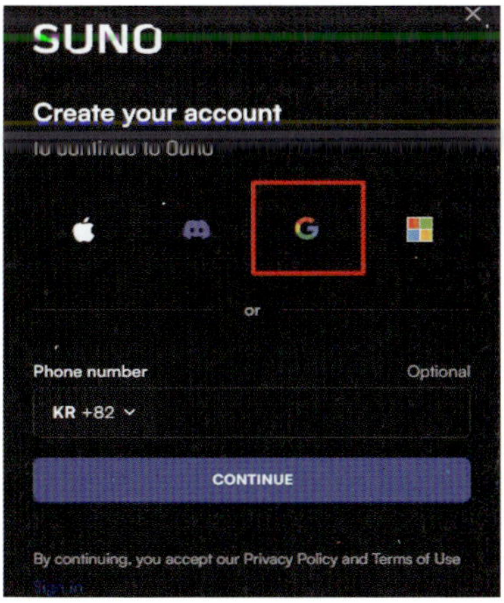

[그림5] Suno 회원 가입1

구글 계정 중, Suno 웹사이트에서 사용할 계정을 선택한다.

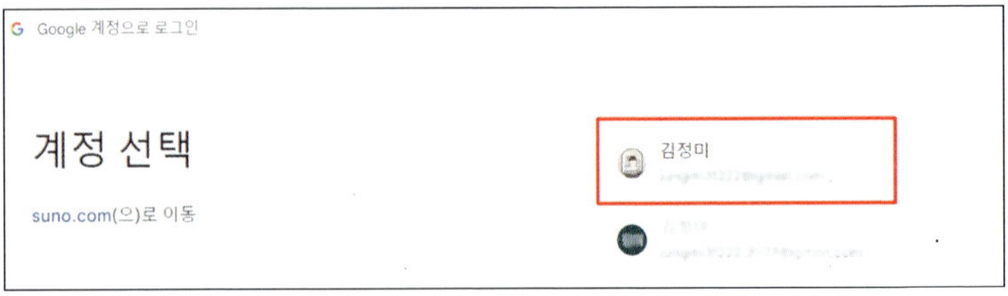

[그림6] Suno 회원 가입2

Suno.com 서비스로 로그인 함을 확인하는 안내창이 나타나면 '계속'을 클릭한다.

[그림7] Suno 회원 가입3

3. Suno AI 사용법

1) Suno AI 홈페이지 메뉴 살펴보기

로그인하면 [그림8]과 같은 화면이 나온다. 홈페이지 좌측 메뉴들을 하나씩 살펴보자.

① Create : 음악 생성을 하는 화면으로 전환된다.
② Library : 직접 생성한 음악이나, '좋아요'를 누른 음악 등을 모아놓은 곳이다.
③ Explore : Suno AI에서 제공하는 음악의 스타일 샘플 곡들을 들어볼 수 있다.
④ Search : 다른 사람이 만든 음악을 찾거나 들어볼 수 있다.
⑤ 남은 크레딧을 확인할 수 있다.
⑥ 구독 정보를 확인하고 변경할 수 있다.

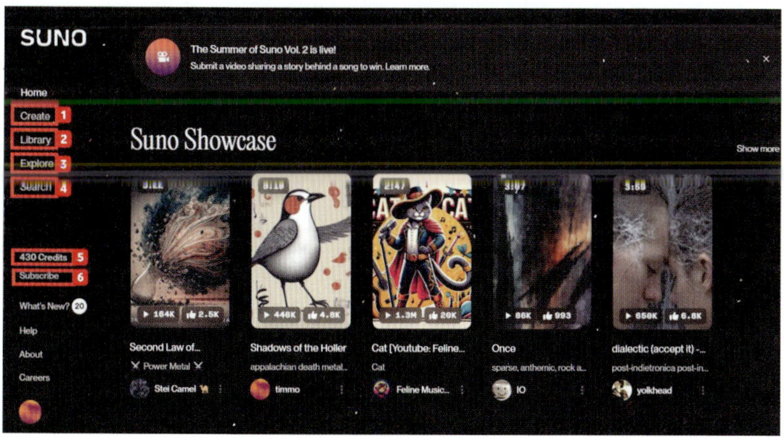

[그림8] Suno 홈페이지 기본 메뉴

2) 프롬프트(Prompt)로 자동 음악 생성

먼저, 간단히 프롬프트(Prompt)를 입력해 한 번에 음악을 생성해보자. 가사와 음악스타일, 제목까지 자동으로 생성되는 방법이다.

(1) Create로 음악 생성 창 열기

홈페이지에서 좌측 'Create' 메뉴를 클릭한다.

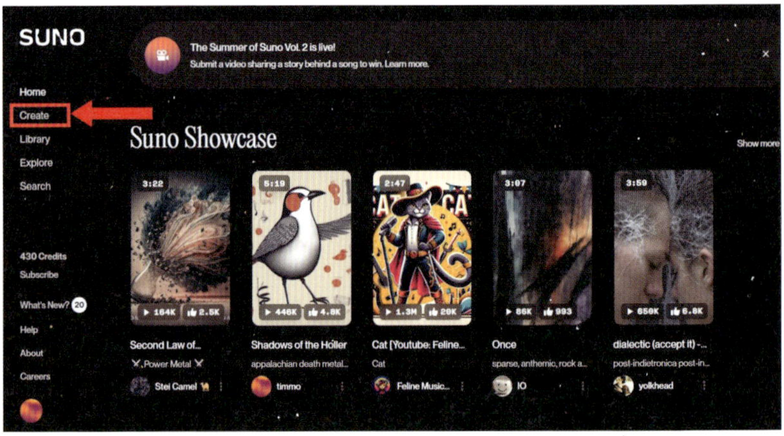

[그림9] Suno 홈페이지에서 Create로 음악 생성

(2) 프롬프트(Prompt) 입력하기

'Song description' 부분에 만들고 싶은 음악의 분위기, 주제 등을 간단하게 작성한다. 200자까지 프롬프트(Prompt)를 넣을 수 있으며, 한글도 작성해도 된다. 프롬프트(Prompt) 입력 후, 바로 아래의 'Create'를 클릭하면 음악이 생성된다.

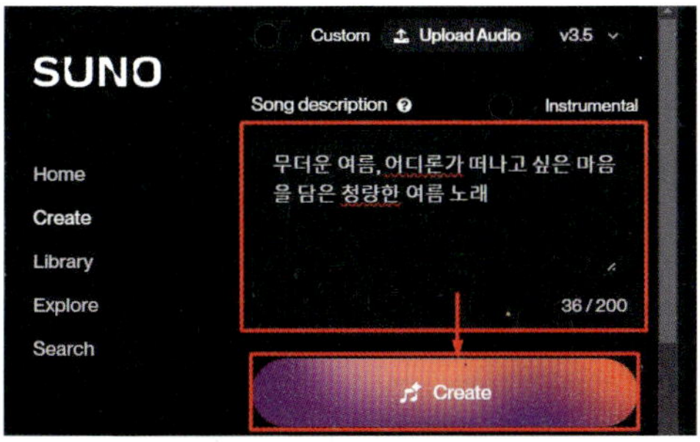

[그림10] 만들고 싶은 음악을 설명 후 음악 생성(Create)

(3) 음악 생성 후 저장하기

프롬프트(Prompt) 창 우측으로 음악이 생성됐다. 세부적으로 하나씩 알아보자.

① 재생 : 표지 이미지가 자동으로 생성되며 클릭하면 음악을 들을 수 있다.
② 제목과 음악 스타일 : 자동으로 생성한 결과 확인이 가능하다.
③ Extend : 생성된 음악에 확장해 더 음악 생성이 가능하다.
④ 더보기 : 다운로드 및 공유 등 다양한 기능을 확인할 수 있다.

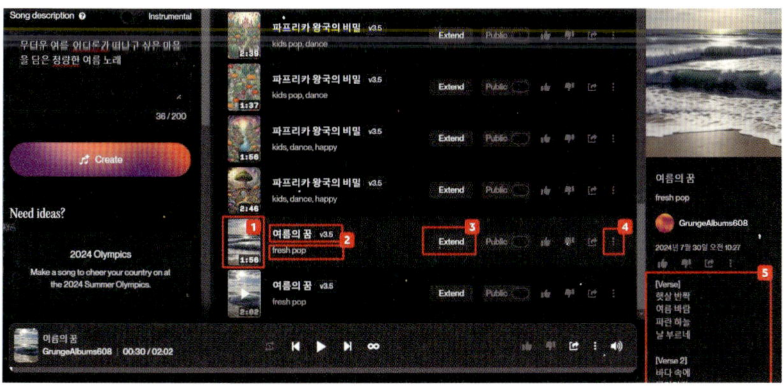

[그림11] 음악 생성 후 화면

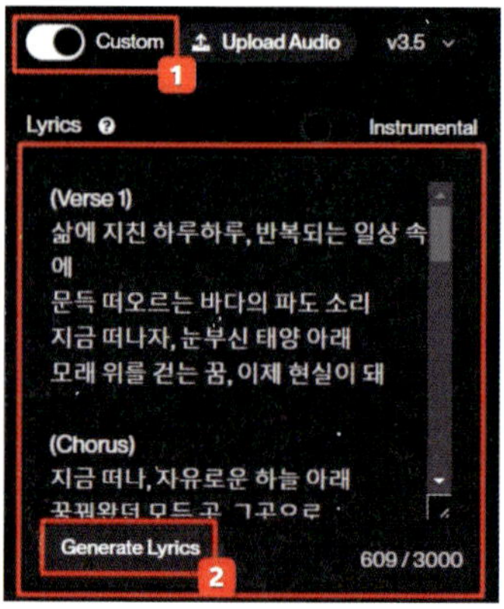

[그림15] 가사 직접 입력 모드(Custom) 활성화

'Style of Music(음악 스타일)' 부분은 ① 만들고 싶은 음악 스타일을 직접 입력하거나 ② 추천되는 음악 스타일을 클릭해 선택할 수도 있다. 이 부분은 영어로 작성해야 한다. 여성 보컬(female voice)이나 남성 보컬(male voice) 등을 입력해 원하는 음악에 더 가깝게 생성할 수 있다. ③ 음악의 제목을 입력한다. ④ Create를 클릭하면 음악이 생성된다. 이후 과정은, 앞의 설명과 동일하다.

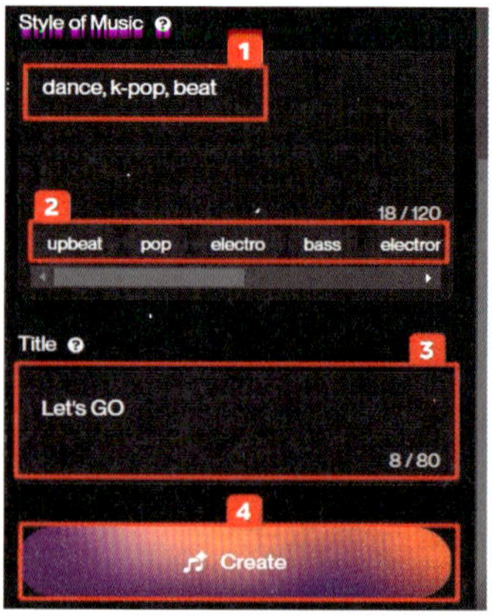

[그림16] 음악 스타일 및 제목 입력 후 생성

4) 가사 없는 음악 생성

'Instrumental' 버튼을 활성화하면 가사 없는 음악을 생성할 수 있다. 음악 스타일을 직접 입력하거나 선택해 'Create'를 클릭하면 가사 없는 음악이 생성된다. 이후 과정은 앞의 설명과 동일하다.

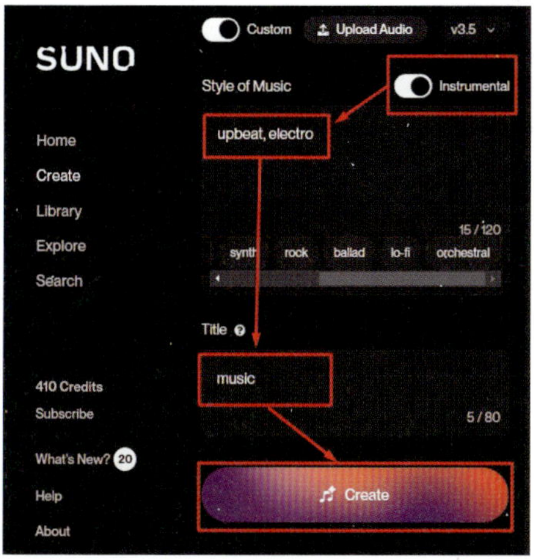

[그림17] Instrumental 활성화로 가사 없는 음악 생성

5) 플레이리스트 만들어서 관리하기

생성하는 곡들이 많아지면 관리의 필요성이 느껴진다. 그럴 때는 플레이리스트를 활용해 관리하면 편리하다. 먼저, 홈페이지에서 'Library' 클릭하고 'Playlists'를 클릭한다. 이미 만들어진 플레이리스트가 없으므로 화면 중앙의 'Create Playlist'를 클릭한다.

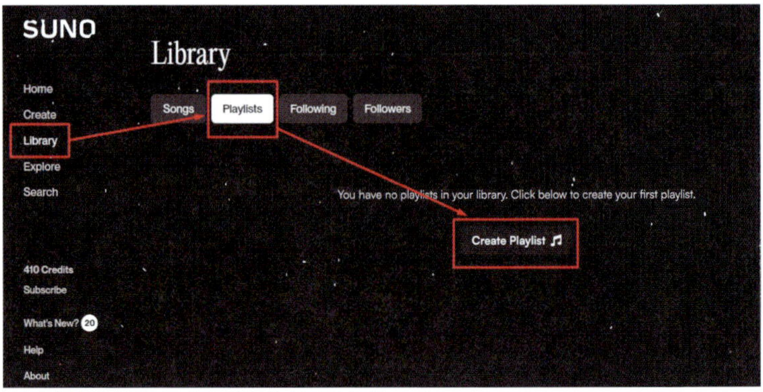

[그림18] Library의 Playlists 에서 플레이리스트 만들기1

플레이리스트의 제목과 간단한 설명을 입력 후' Save(저장)'한다.

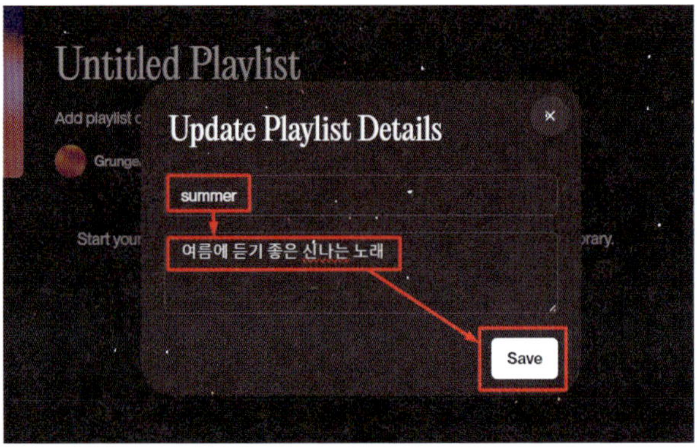

[그림19] Library의 Playlists 에서 플레이리스트 만들기2

① 새로운 곡을 생성하거나 ② 기존에 만들어 놓은 음악을 선택해서 넣을 수 있다. ③ 이 플레이리스트를 재생할 수 있다.

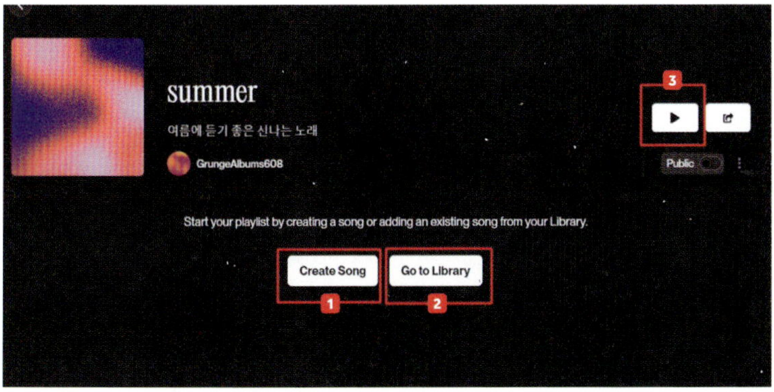

[그림20] Library의 Playlists 에서 플레이리스트 만들기3

4. Vrew 개요 및 특징

1) Vrew 개요

Vrew는 대한민국의 스타트업 기업 보이저엑스에서 지난 2017년 3월에 개발한 영상 편집 프로그램이다. AI 기술을 활용해 사용자가 쉽고 빠르게 고품질의 영상을 제작할 수 있도록 설계됐다. 영상 편집 경험이 없는 사람들도 직관적으로 사용할 수 있어 다양한 분야에서 활용되고 있다.

2) Vrew 특징

(1) 주제 기반 자동 영상 생성

사용자가 주제만 입력하면 AI가 자동으로 내용을 생성하고 영상을 만들어 준다.

(2) 직관적인 컷 편집

텍스트 기반 인터페이스를 통해 쉽게 영상을 편집할 수 있다.

(3) AI 목소리 지원

500여 개의 AI 목소리를 제공해 내레이션을 쉽게 추가할 수 있다.

(4) 저작권 무료 콘텐츠 제공

10만 개 이상의 이미지, 수천 개의 영상 등을 제공한다.

(5) 사용 편의성

문서 편집 프로그램과 유사한 인터페이스로 쉽게 사용할 수 있다.

(6) AI 음성 인식 기반 자동 자막 생성

영상의 음성을 자동으로 인식해 텍스트로 변환, 자막을 생성한다.

(7) 다양한 시작 방법으로 비디오 만들기 지원

PC에서 비디오·오디오 불러오기, 모바일에서 비디오·오디오 불러오기, AI 목소리로 시작하기, 텍스트로 비디오 만들기, 템플릿으로 쇼츠 만들기, 슬라이드로 비디오 만들기, 이미지로 비디오 만들기, 녹화·녹음 등의 다양한 시작 방법으로 비디오 만들기를 지원한다.

(8) 다양한 활용

① 소셜 미디어 콘텐츠 제작

유튜브 쇼츠, 틱톡, 인스타그램 릴스와 같은 짧은 형식의 비디오를 빠르게 제작할 수 있도록 도와준다.

② 교육 콘텐츠

AI기반의 자막 생성 및 대본 편집 기능을 통해 교육자나 온라인 강의 제작자에게 적합하다. 교육용 비디오를 제작하고, 접근성을 높이기 위한 자막 추가 작업을 간편하게 할 수 있다.

③ 비즈니스 및 마케팅

소규모 비즈니스는 프로모션 비디오, 제품 데모, 사용 설명서 등을 제작하는 데 Vrew를 활용 할 수 있다. AI 기능을 통해 스크립트 작성, 음성 더빙 추가, 저작권 걱정 없는 다양한 리소스를 활용해 전문적인 비디오를 쉽게 만들 수 있다.

④ 팟캐스트 및 라이브 스트림

Vrew는 팟캐스터와 스트리머들이 콘텐츠를 깔끔하게 편집하고 자동으로 자막을 생성해 콘텐츠 품질을 향상시키는데 도움을 준다.

3) Vrew 구독 플랜

무료로 사용하는 계정에는 매월 음성 분석 120분, AI 목소리 1만 자, 번역 3만 자, 이미지생성 100장, 텍스트로 비디오 만들기 3,000자 등이 제공된다. 그리고 무료 계정으로 만든 영상에는 Vrew 워터마크가 표시된다. 영상 제작을 자주 그리고 많이 하는 사용자라면 [그림21]의 유료 구독 내용을 확인 후 원하는 구독 플랜을 선택하면 된다. 유료 구독에는 Light, Standard, Business로 구분돼 있다.

	Free	Light	Standard (추천)	Business (법인/기업/단체/기관용)
	₩0 / 평생	₩95,000 / 년 ₩7,917/월	₩171,000 / 년 ₩14,250/월	₩379,500 / 년 ₩31,625/월 법인/기업/단체/기관에서 사용하기를 원하신다면 이 요금제를 사용해주세요. 더 알아보기
		시작하기	시작하기	시작하기
사용량 제공 기능 ?				
음성 분석	120 분	1.2천 분	6천 분	7.2천 분
AI 목소리	1만 자	10만 자	50만 자	60만 자
번역	3만 자	30만 자	150만 자	180만 자
이미지 생성	100 장	1천 장	5천 장	6천 장
특별한 기능				
텍스트로 비디오 만들기	3천 자/회	1만 자/회	1만 자/회	1만 자/회
AI 내 목소리	1 개	1 개	5 개	6 개

[그림21] Vrew 구독 플랜1

	Free	Light	Standard (추천)	Business (법인/기업/단체/기관용)
	₩0 / 평생	₩95,000 / 년 ₩7,917/월	₩171,000 / 년 ₩14,250/월	₩379,500 / 년 ₩31,625/월 법인/기업/단체/기관에서 사용하기를 원하신다면 이 요금제를 사용해주세요. 더 알아보기
		시작하기	시작하기	시작하기
클라우드 백업	–	10 GB	50 GB	60 GB
Vrew 워터마크 삭제	–	✓	✓	✓
AI 이미지 다운로드	–	✓	✓	✓
프로젝트 간 복사 붙여넣기	–	–	✓	✓
템플릿 만들기	–	–	✓	✓
향상된 AI 글쓰기 (GPT-4 옵션 제공)	–	–	✓	✓
나만의 캐릭터 입모양 움직이기	–	–	✓	✓
사용 기록 지우개 구매	–	–	✓	✓

[그림22] Vrew 구독 플랜2

5. Vrew 시작하기

1) Vrew 설치

컴퓨터에서 구글 크롬 브라우저를 연다. 검색 바에 'Vrew'를 입력하고 검색한다.

[그림23] 구글에서 'Vrew' 검색

검색된 화면에서 Vrew 웹사이트 확인(https://vrew.ai) 후 클릭해 접속한다.

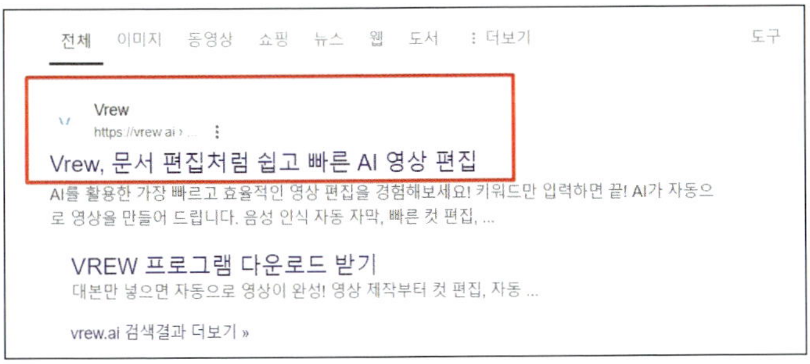

[그림24] 구글에서 Vrew 웹사이트 확인(https://vrew.ai)

무료 다운로드 클릭해 설치 파일을 저장한다. 저장한 설치 파일을 더블 클릭해 설치를 완료한다.

[그림25] Vrew 웹사이트에서 무료 다운로드

2) 회원 가입 및 로그인

다운로드가 완료되면 Vrew 메인 화면이 나온다. 좌측 상단의 '내 브루'를 클릭해 회원 가입을 시작한다.

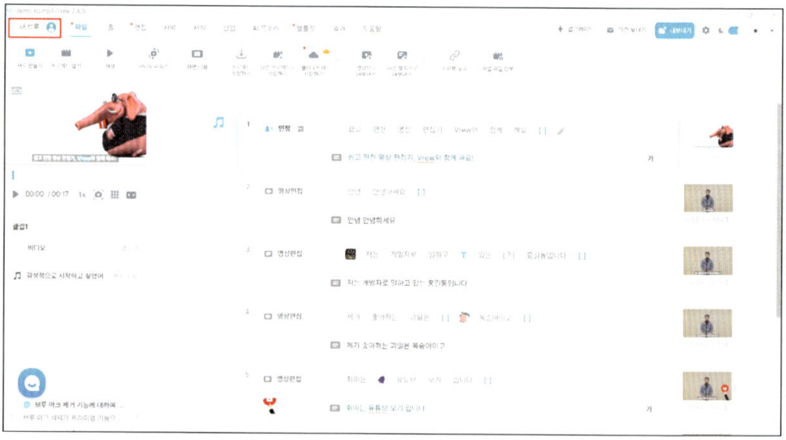

[그림26] Vrew 메인 화면

회원 가입이 되어있다면 이메일과 비밀번호를 입력해 로그인한다. Vrew가 처음이라면 '회원 가입'을 클릭해 가입한다.

[그림27] Vrew 회원 가입1

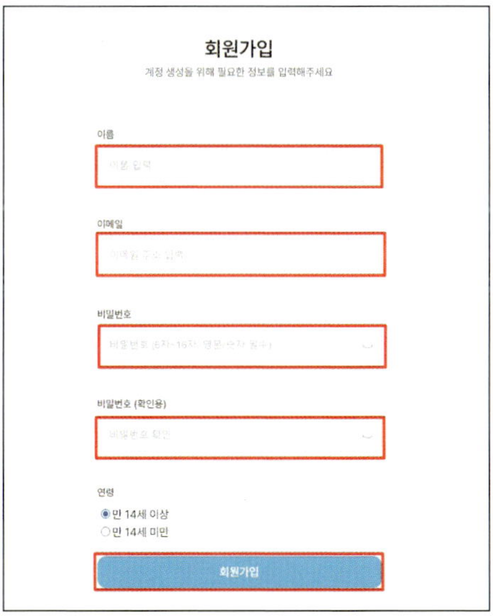

[그림28] Vrew 회원 가입2

이메일 인증까지 완료해야 '회원 가입' 절차가 완료된다. 가입 시 입력한 이메일의 받은 편지함에서 Vrew에서 보낸 이메일을 확인하고 인증 버튼을 클릭한다. 마지막으로 Vrew 앱으로 돌아와 '가입완료'를 클릭한다.

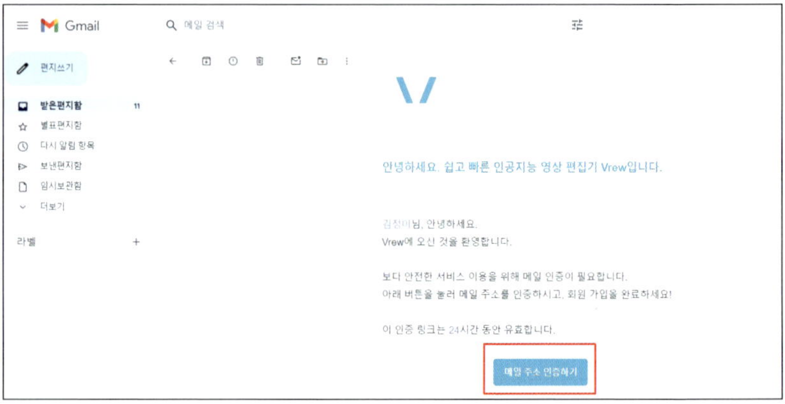

[그림29] Vrew 회원 가입3(이메일 인증)

[그림30] Vrew 회원 가입4

이제 Vrew를 사용해 영상 제작을 할 수 있다. 좌측 상단의 '내 이름'을 클릭하면 AI 기능의 사용량을 확인할 수 있다. 무료 계정일 경우 음성 분석은 120분, AI 목소리는 1만 자, 번역은 3만 자, AI 이미지는 100장까지 사용가능하다. 이 사용량은 매월 초 다시 갱신된다.(2024년 8월 20일 기준)

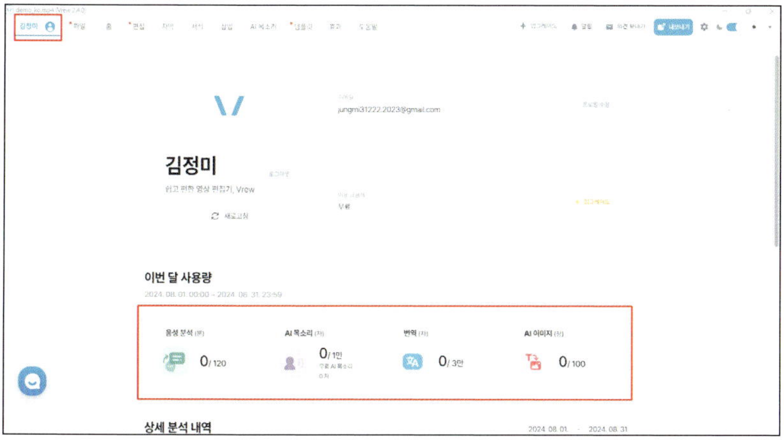

[그림31] Vrew AI 기능 사용량 조회

6. Vrew 사용법

1) 텍스트로 자동 생성 영상 만들기

주제만 입력하면 자동으로 글의 내용을 생성해주고 이미지와 음악, 목소리까지 자동으로 생성해서 영상을 만들어준다. 그 과정을 함께 해보자. 우측 상단의 파일에서 '새로 만들기'를 클릭 후, '텍스트로 비디오 만들기'를 선택한다.

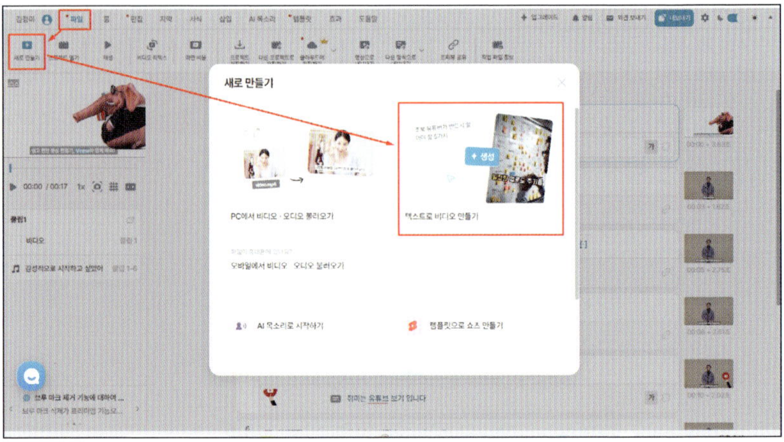

[그림32] Vrew 텍스트로 비디오 만들기

영상의 비율과 자막길이, 자막 위치를 선택 후 '다음'을 클릭한다. 영상이 만들어지고 난 다음에도 자막길이와 자막 위치는 수정할 수 있다.

[그림33] 화면 비율 정하기

다양한 비디오 스타일 중에서 원하는 스타일을 선택 후 '다음'을 선택한다. 선택한 스타일을 참고해 내용 및 영상이 자동 생성되므로 원하는 스타일이 없다면 '스타일 없이 시작하기'를 선택하면 된다.

[그림34] 비디오 스타일 선택

만들려는 영상의 '주제'를 입력하고 'AI 글쓰기'를 클릭하면 자동으로 GPT-3.5에 기반해 영상의 내용을 자동으로 생성해준다. 물론, 챗GPT나 claude 등에서 내용을 생성해서 아래의 본문에 넣어도 된다.

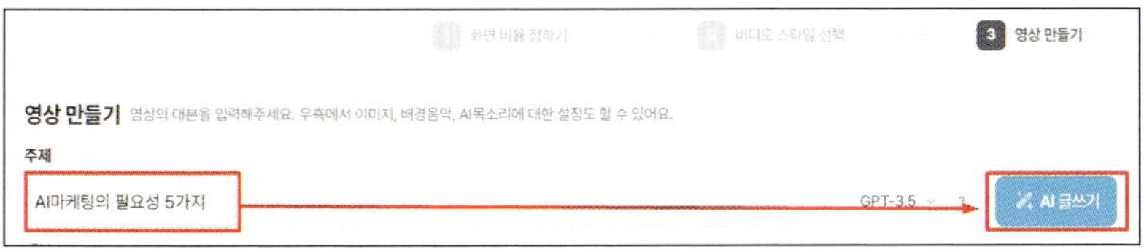

[그림35] 주제를 입력해 AI 글쓰기

내용이 마음에 들지 않는다면, '다시쓰기'를 클릭해 다시 생성하도록 한다. '이어쓰기'를 클릭해 내용을 더 길게 생성할 수도 있다. 우측에서 영상 요소 중 'AI목소리'와 'AI이미지&비디오'는 변경이 가능하다.

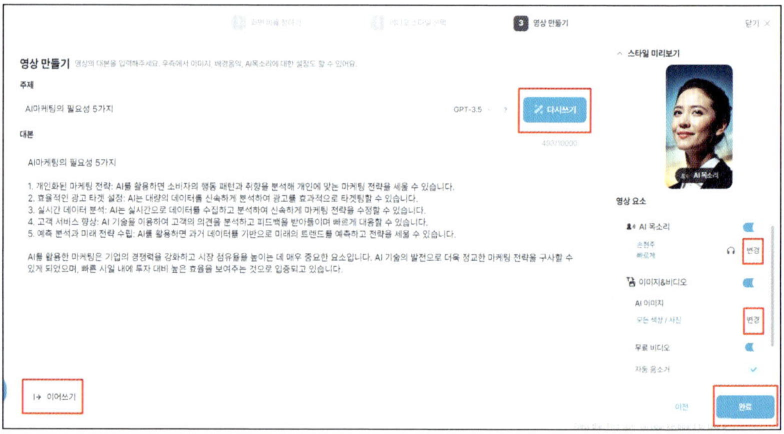

[그림36] 텍스트로 영상 만들기

무료계정이라면, FREE 라벨이 있는 목소리를 선택하면 된다. 좌측의 필터에서 '무료', '한국어'를 클릭해 선택하면 편리하다. 마우스 커서를 올리면 나타나는 헤드폰 아이콘을 클릭해 미리 듣기 할 수 있다. 목소리 선택 후 우측 하단의 완료를 클릭한다.

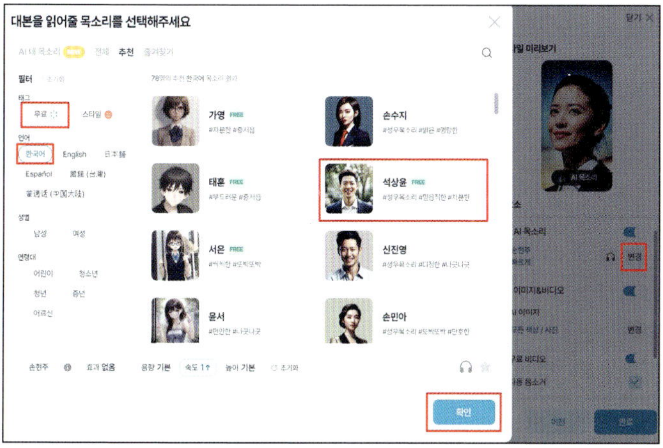

[그림37] AI목소리 선택

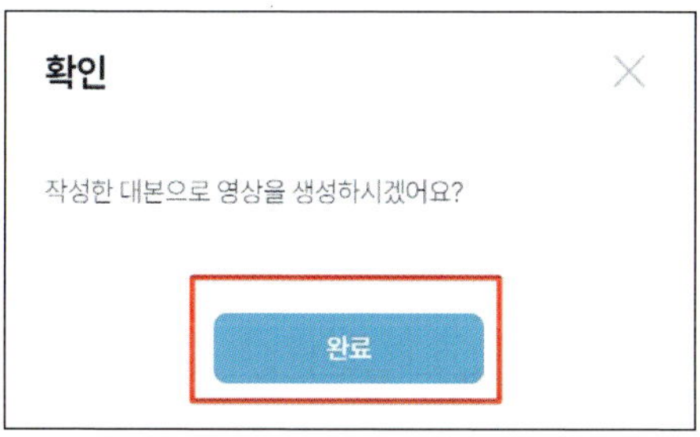

[그림38] 영상 생성 확인 안내창

대략 1분 정도면 영상이 자동 생성된다. 스페이스 바(space bar)를 눌러 영상을 재생할 수 있다. 우측 상단의 '내보내기'를 클릭해 영상을 내보내기(다운로드)할 수 있다.

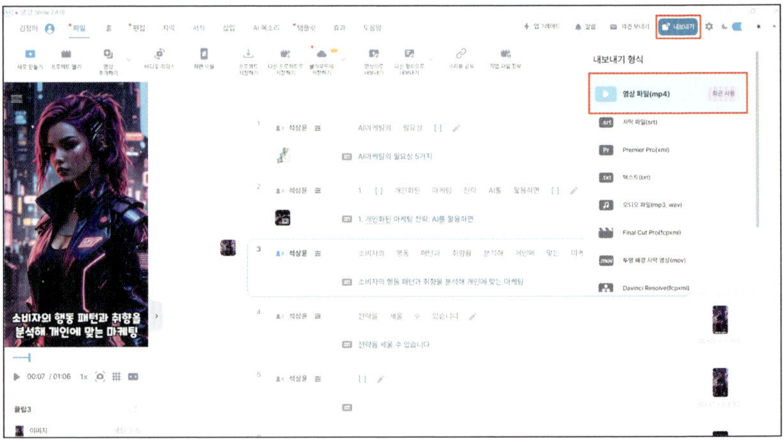

[그림39] 텍스트로 영상 만들기 완료 및 내보내기

이미지와 목소리 음악, 텍스트 등 모두 편집이 가능하다. 세부 영상 편집은 '3) 세부사항 편집하기' 부분을 참고하기 바란다.

2) 슬라이드(PPT/PDF)로 영상 만들기

슬라이드를 사용해 영상을 만들면 다음과 같은 상황에서 유용할 수 있다.

① 교육용 자료 제작

교사나 강사가 수강생을 위해 교육용 PPT를 영상으로 제작할 수 있다.

② 비즈니스 프레젠테이션

기업에서 장소나 시간에 구애받지 않고 중요한 프레젠테이션을 효과적으로 전달하기 위해 제작할 수 있다.

③ 마케팅 및 홍보 영상

제품이나 서비스를 홍보하는 마케팅 자료로 구성된 PPT로 영상을 제작할 수 있다.

④ 튜토리얼 및 교육 영상

특정 프로세스를 설명하는 튜토리얼을 만들 때, 유용하다.

Vrew 앱 좌측 상단 '새로 만들기'를 클릭해 '슬라이드로 비디오 만들기'를 선택한다.

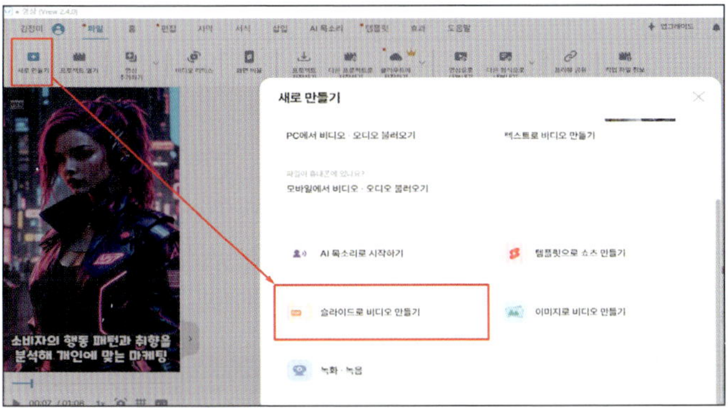

[그림40] 슬라이드로 비디오 만들기

파일을 업로드한다. PPTX 형식이라면 'PDF' 형식으로 바꿔서 업로드해야 한다. PPTX 형식을 PDF로 바꾸는 방법은 여러 방법이 있지만, 해당 PPT 파일을 저장할 때 PDF 파일형식을 선택해 저장하는 것이 가장 쉽고 간단한 방법이다. 혹은 파일형식변환 프로그램을 사용할 수 있다. 필자는 슬라이드를 자동 생성해주는 '감마 앱(Gamma app)'을 활용해 만든 슬라이드를 PDF 파일형식으로 저장해 가져왔다.

[그림41] PDF 파일 불러오기

'슬라이드별 자막'을 입력할 수 있다. AI 목소리가 입력한 자막을 읽어주므로 슬라이드에 대한 내용을 입력하면 된다. 각 슬라이드를 선택해 자막을 입력한다.

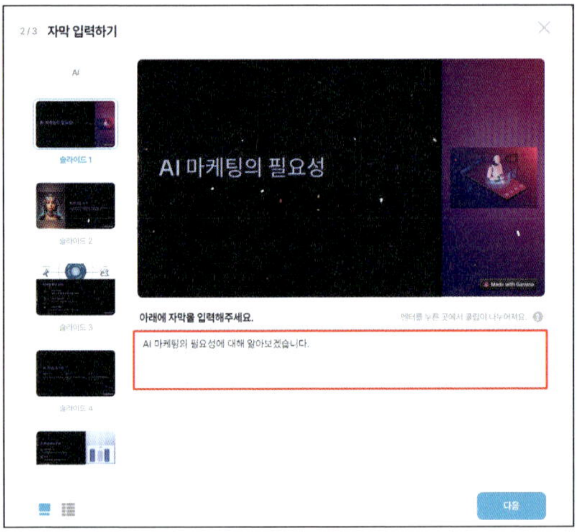

[그림42] 각 슬라이드 자막 입력1

좌측 하단의 '목록' 아이콘을 클릭하면 여러 슬라이드를 한눈에 보고 '자막 입력'을 할 수 있어 편리하다. 자막 입력이 끝났다면 우측 하단의 '다음'을 클릭한다.

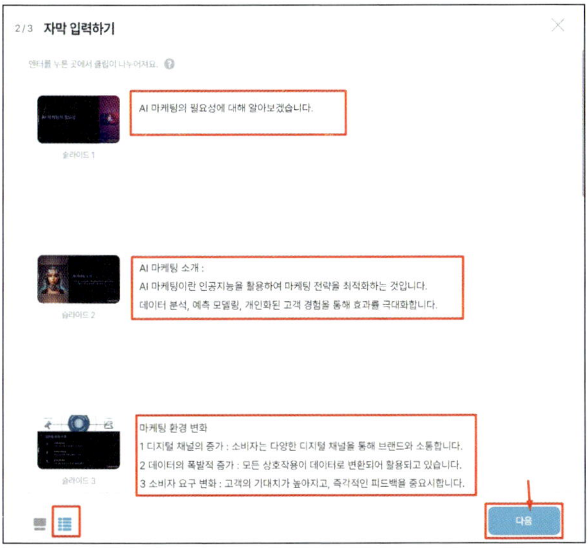

[그림43] 각 슬라이드 자막 입력2

'AI 목소리'를 선택할 차례다. 상단의 'AI 목소리 사용'을 활성화 한 후, 원하는 목소리를 선택하고 우측 하단 본 '편집 시작하기'를 클릭한다.

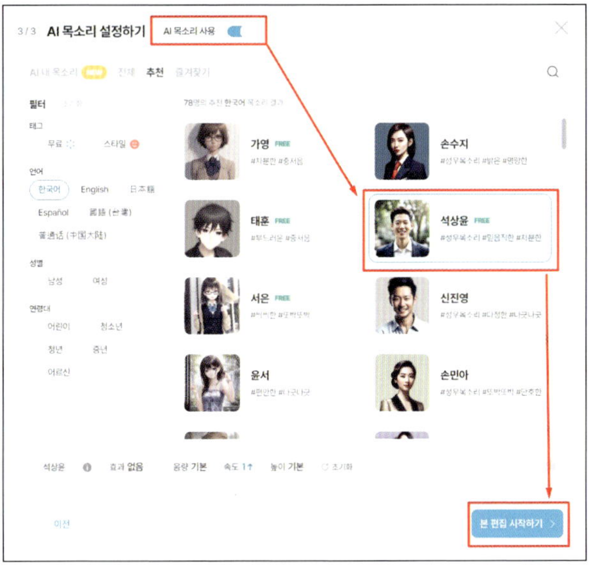

[그림44] AI 목소리 선택

스페이스 바(space bar)를 눌러 영상을 재생할 수 있다. 우측 상단의 '내보내기'를 클릭해 영상을 내보내기(다운로드)할 수 있다.

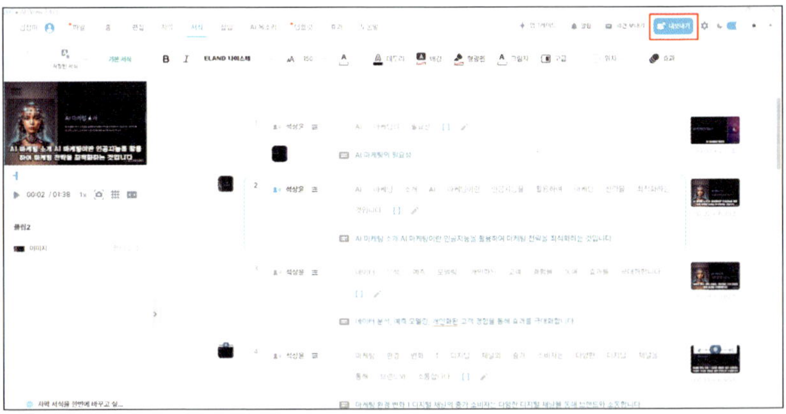

[그림45] 슬라이드 비디오 내보내기

3) 세부 사항 편집하기

(1) 기본 화면구성

① 툴바 : 편집과 저장 등 다양한 도구들이 모여있다.

② 프리뷰 : 편집 중인 영상을 미리 볼 수 있다.

③ 재생바 : 영상의 길이와 남은 시간을 볼 수 있다.

④ 에셋 리스트 : 꾸미기 요소들을 확인할 수 있다.

⑤ 편집 영역 : 편집을 할 수 있다.

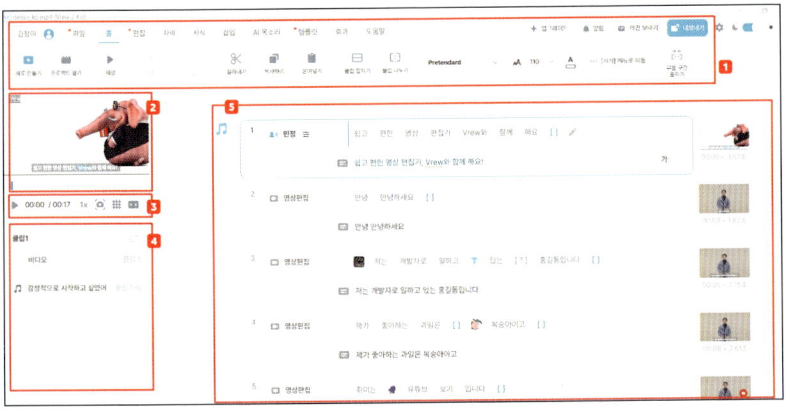

[그림46] Vrew 화면 구성

(2) 화면 비율

'화면 비율'을 변경하거나 설정할 수 있다. 파일에서 '화면 비율'을 선택하고, 원하는 비율을 선택한다.

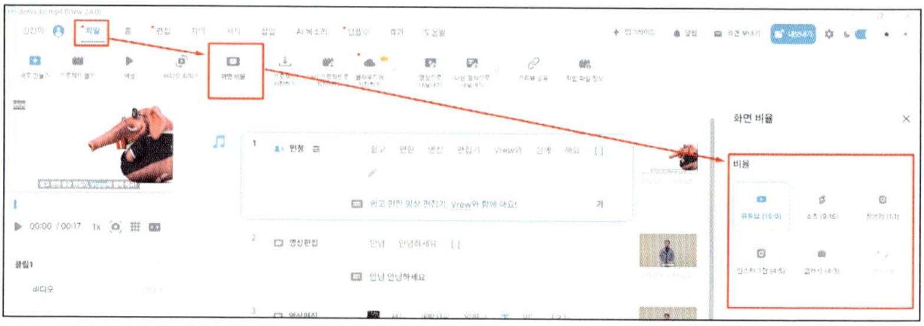

[그림47] 화면 비율 변경

(3) 클립

'클립'이란, 한 문장씩 나뉜 단위를 말한다.

• 클립 선택 : ① 원하는 클립을 직접 하나씩 클릭해 선택하거나 ② 원하는 클립만큼 드래그로 한 번에 선택할 수 있다.

[그림48] 클립 선택

• 클립 나누기/합치기 : 클립의 내용이 너무 많거나 적을 때, '나누기' 또는 '합치기' 기능을 사용할 수 있다. 방법은 나누거나 합치고 싶은 부분의 커서를 놓고 'Enter'를 눌러 나눌 수 있고, 'Backspace'를 눌러 합칠 수 있다.

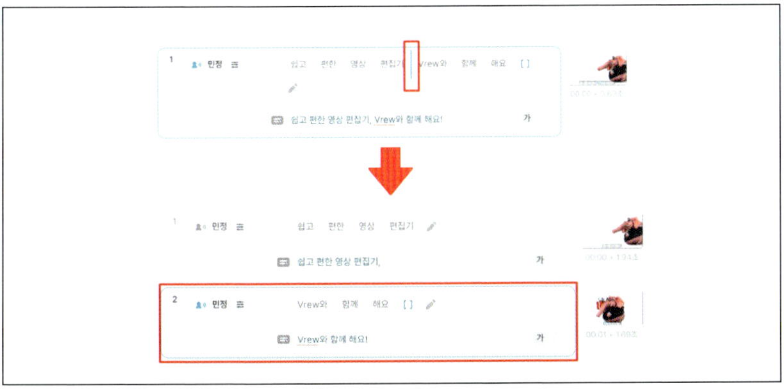

[그림49] 클립 나누기

또 다른 방법으로는 원하는 지점에 커서를 두고 마우스 오른쪽을 눌러 '클립 합치기' 또는 '클립 나누기'를 선택할 수 있다. 그 외에도 아래 이미지의 마우스 오른쪽을 눌러 나오는 다양한 편집 툴을 활용해 영상을 손쉽게 편집할 수 있다.

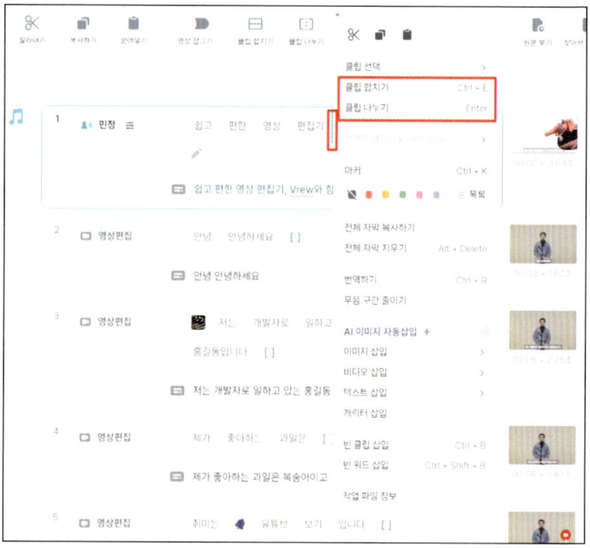

[그림50] 마우스 오른쪽을 활용한 클립 합치기 및 클립 나누기

• 클립 추가 : 새로운 클립을 추가할 때에는 추가하고자 하는 위치의 클립과 클립 사이에 마우스 커서를 가져가면 자동으로 '클립 추가'가 나타나며, 이 부분을 클릭하면 클립이 추가된다.

[그림51] 클립과 클립 사이 클립 추가

• 자동 클립 나누기 : AI의 기능을 사용해 자동으로 클립을 나눌 수도 있다. 편집에서 '자동 클립 나누기'를 선택해 원하는 글자 수를 지정해 나누기하면 된다.

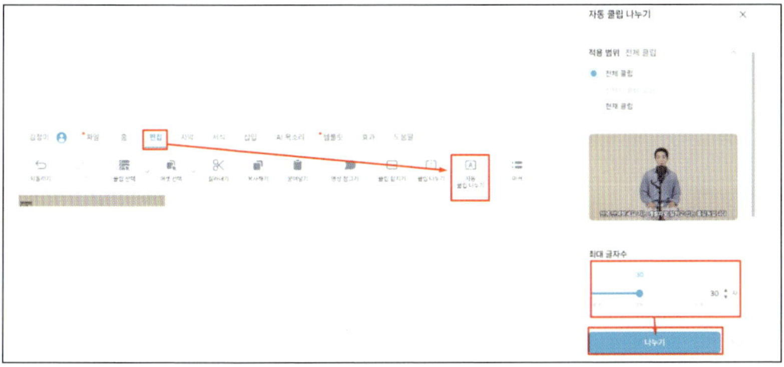

[그림52] 자동 클립 나누기

(4) 이미지&비디오

프리뷰에서 이미지를 클릭해 다른 이미지로 변경이 가능하다.

[그림53] 이미지&비디오 교체하기

원하는 이미지를 묘사하는 글을 작성해서 하단의 '이미지 1장 생성'을 클릭하면 잠시 후, 생성된 이미지를 보여준다. '삽입하기'를 클릭해 영상의 이미지를 해당 이미지로 교체한다. 우측의 '무료 이미지&비디오'에서 원하는 이미지가 있다면 선택하면 교체된다. 'AI와 이미지 수정하기'로 생성된 이미지를 원하는 스타일에 맞게 더 수정할 수도 있다.

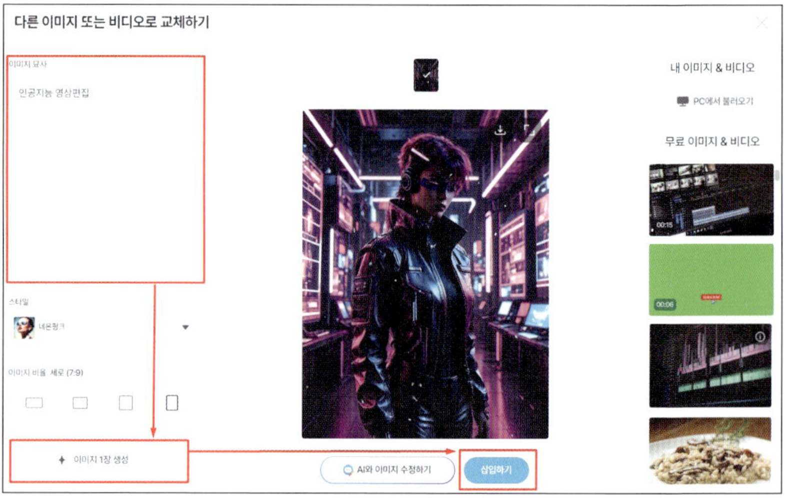

[그림54] 이미지 묘사를 통한 이미지 생성으로 교체하기

(5) 텍스트 및 자막

- 자막 수정 : 클립의 아래쪽 자막 줄에서 '텍스트'를 수정하면 영상 속 '자막'도 자동으로 수정된다.

[그림55] 자막 수정

• 텍스트 서식 수정 : 툴바에서 '서식'을 클릭해 기본 텍스트의 서식을 변경할 수 있다.

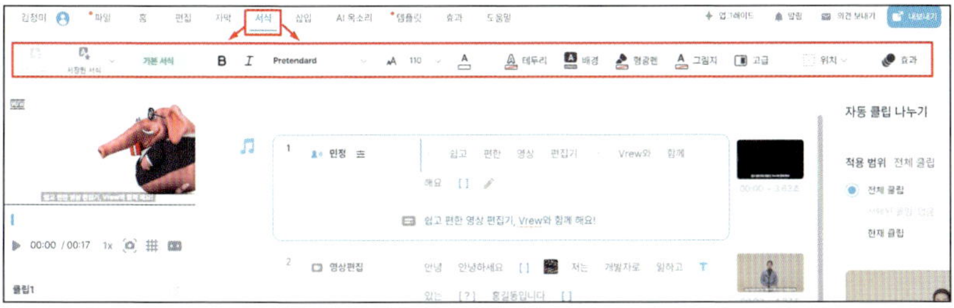

[그림56] 텍스트 서식 변경

• 부분 텍스트 서식 변경 : ① 변경하고자 하는 클립을 선택하고 ② 확인 후, 원하는 서식으로 변경한다. ③ 텍스트/자막 위치 변경도 가능하며 ④ 전체적인 기본 서식으로 돌아가려면 '가' 부분을 클릭해 서식 지우기 한다.

[그림57] 부분 텍스트 서식 변경

(6) AI 목소리

- 목소리 수정 : 기존에 생성한 목소리를 다른 목소리로 수정하려면, 툴바에서 AI목소리, AI목소리 클립 삽입의 목소리 수정을 클릭해 수정하고자 하는 목소리를 선택한다.

[그림58] AI 목소리 수정

현재 Vrew에서는 'AI 내 목소리 만들기' 서비스를 무료로 제공하고 있다.(2024년 8월 20일 기준) AI 목소리에서 'AI 내 목소리 만들기'를 선택해 '시작하기'를 눌러 5~10분 정도 제공 해주는 스크립트를 따라 읽으면 된다. 그럼 내 AI 목소리로 영상을 제작할 수 있다.

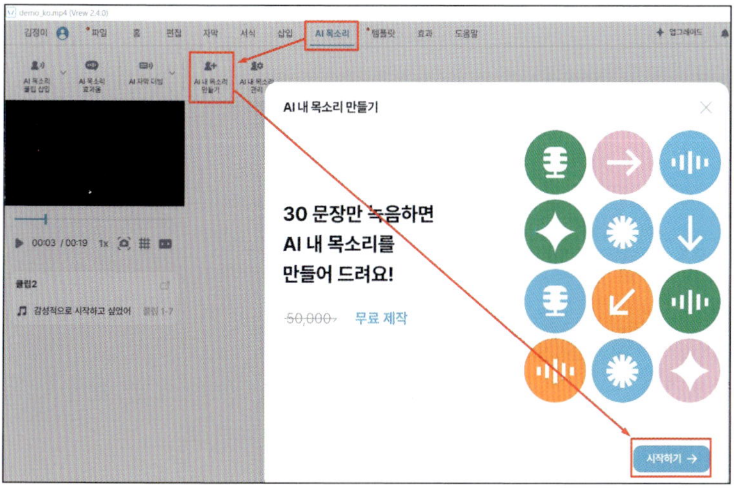

[그림59] AI 내 목소리 만들기

(7) 오디오

완성도 높은 영상 제작을 위한 하나의 방법으로 '오디오'를 잘 활용하는 방법이 있다.

- 배경음악 : 영상의 '배경음악'을 삽입한다. ① 음악의 스타일을 선택 ② 재생 아이콘을 눌러 들어본 후 ③ 삽입하기를 클릭한다.

[그림60] 배경음악 삽입

• 효과음 : 다양한 효과음을 삽입할 수 있다. ① 효과음을 검색 ② 재생 아이콘을 눌러 들어본 후 ③ 삽입하기를 클릭한다.

[그림61] 효과음 삽입

• 볼륨 조절 및 배속 효과 : 툴바의 효과에서 영상의 특정 클립 혹은 전체 클립의 볼륨을 조절하거나 배속 효과를 줄 수 있다.

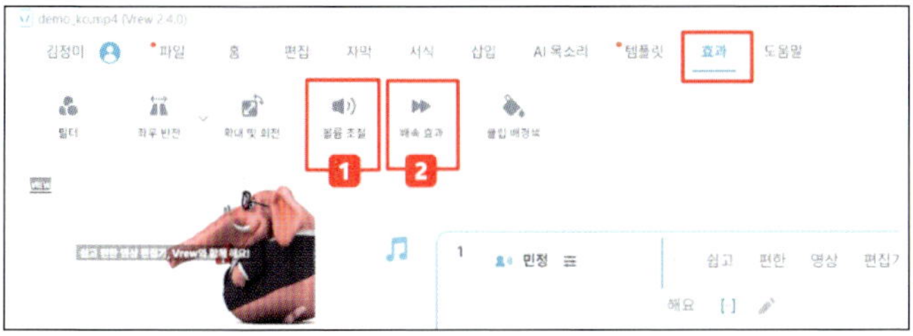

[그림62] 볼륨 조절 및 배속 효과

(8) 기타

• 재생 : 'space bar'를 누르거나 화면 상단 툴바의 홈에서 '재생 버튼'으로 재생이 가능하다.

• 되돌리기 : Ctrl + Z 를 누르거나, 화면 상단 툴바의 홈에서 되돌리기 가능하다.

• 애니메이션 효과 : 이미지나 텍스트를 선택해 화면 상단 툴바의 '서식'에서 다양한 '애니메이션 적용'이 가능하다.

[그림63] 다양한 애니메이션 효과

• 비디오 리믹스 : 편집이 모두 완료된 후 '비디오 리믹스' 기능을 사용해, AI가 자동으로 생성해주는 요약 영상을 만들거나 하이라이트 영상을 만들 수 있다.

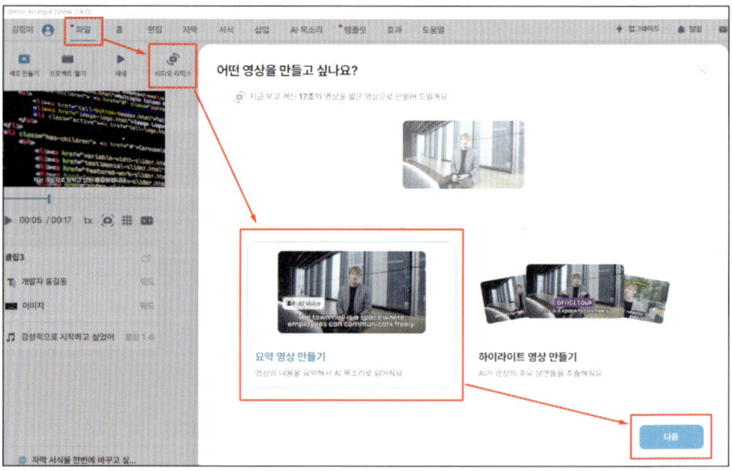

[그림64] 비디오 리믹스

Epilogue

생성형 AI 도구를 활용한 콘텐츠 제작은 디지털 시대의 필수적인 역량으로 자리 잡고 있다. 이 장에서는 여러분이 생성형 AI 도구를 활용해 직접 음악과 영상을 제작할 수 있는 방법을 소개했다.

AI 도구의 가장 큰 장점은 시간과 노력을 절약할 수 있다는 점이다. 복잡한 기술적 지식 없이도 AI의 도움을 받아 손쉽게 창작할 수 있으며, 이는 특히 마케팅에 많은 시간과 자원을 투입할 여력이 없는 소상공인들에게 큰 도움이 된다. 이러한 AI 도구는 여러분이 더 중요한 비즈니스 활동에 집중할 수 있도록 도와준다.

이제, 여러분은 AI를 활용한 콘텐츠 제작의 강력한 도구를 손에 쥐고 있다. Suno AI와 Vrew를 통해 음악과 영상을 제작하면서 창의적인 아이디어를 마음껏 표현해 보길 바란다. 여러분의 브랜드를 더 많은 사람에게 알리고 고객과 더욱 깊이 있는 소통할 수 있는 기회를 만들어 나가길 바란다.

처음 시작은 두려울 수 있지만 AI 도구는 여러분의 든든한 동반자가 될 것이다. 마케팅 전문가가 아니더라도, 혹은 콘텐츠 제작 경험이 전혀 없더라도, AI는 여러분의 아이디어를 현실로 구현하는 데 큰 도움을 줄 것이다. 여러분의 손끝에서 탄생하는 콘텐츠들이 세상과 소통하며 더 큰 가치를 만들어 낼 것이다.

마지막으로, AI 도구를 활용한 콘텐츠 제작은 끝없는 가능성을 제공한다. 여러분의 창의력을 발휘하고 새로운 도전과 기회를 두려워하지 말길 바란다. AI와 함께라면 그 어떤 장벽도 넘을 수 있을 것이다. 여러분의 노력과 열정이 AI 기술과 만나 더욱 빛나는 결과를 만들어 낼 것이다.

이제 여러분의 차례다. AI 도구를 통해 세상에 새로운 이야기를 들려주고, 더 많은 사람과 소통하며 성장해 나가길 바란다. 여러분의 성공을 진심으로 응원하며 앞으로의 여정에 행운이 함께하길 바란다. AI와 함께하는 콘텐츠 제작의 무한한 가능성을 믿고 그 첫걸음을 힘차게 내딛길 바란다.

6

D-ID AI로 기업 홍보의 새로운 지평을 열다!

문오영

제6장

D-ID AI로 기업 홍보의 새로운 지평을 열다!

Prologue

디지털 시대의 급격한 변화 속에서 고객과의 상호작용 방식은 그 어느 때보다 중요한 요소로 부각되고 있다. 기업들은 이제 단순히 제품과 서비스를 제공하는 데 그치지 않고, 고객과의 깊이 있는 관계를 구축하고 소통을 통해 브랜드 가치를 효과적으로 전달해야 한다. 이러한 환경에서 챗봇 기술은 단순한 자동응답 시스템을 넘어, 기업과 고객 간의 소통 방식을 근본적으로 혁신하는 강력한 도구로 자리 잡고 있다.

특히 'D-ID' AI 기반의 챗봇은 기존의 챗봇 기술을 뛰어넘어 훨씬 더 사실적이고 인간적인 대화 경험을 제공한다. 이러한 챗봇은 고객에게 단순히 정보를 전달하는 것 이상의 가치를 제공하며, 그들이 브랜드와 감정적으로 연결될 수 있는 기회를 만들어 준다. D-ID AI는 디지털 아바타, 자연어 처리 그리고 멀티미디어 통합 기능을 통해 고객과의 상호 작용을 한 차원 높은 수준으로 끌어올린다. 이로 인해 고객은 더 몰입감 있는 경험을 하게 되고, 기업은 고객과의 관계를 더욱 강화할 수 있는 기회를 얻게 된다.

이 책은 D-ID AI 기술을 활용해 기업이 어떻게 효과적인 마케팅 전략을 구축하고, 고객과의 관계를 한층 강화할 수 있는지를 상세히 설명한다. 프롤로그에서는 디지털 시대에 고객 경험의 중요성을 강조하며, D-ID AI가 이 중요한 과제를 어떻게 혁신할 수 있는지에 대한 개요를 제시한다. 각 장에서는 D-ID AI를 활용한 챗봇이 어떻게 브랜드 이미지 강화, 맞춤형 마케팅 캠페인 실행, 실시간 고객 참여 유도 그리고 성과 분석과 최적화에 기여할 수 있는지를 구체적으로 다룬다.

이 책을 통해 독자들은 단순한 도구 이상의 고객과의 진정한 연결을 가능하게 하는 기술의 힘을 발견하게 될 것이다. 기술이 빠르게 발전하고 시장이 끊임없이 변화하는 오늘날, D-ID AI 기반 챗봇은 고객과의 상호작용을 혁신하고, 기업이 디지털 시대에서 성공을 거두는 데 필수적인 동반자가 될 것이다.

독자들은 이 책을 통해 얻은 통찰과 지식을 바탕으로 자신의 기업이 디지털 시대의 도전에 성공적으로 대응할 수 있는 전략을 세우고, 고객과의 지속적인 관계를 구축하는 데 도움을 받을 수 있을 것이다. 이제는 여러분이 이 지식을 바탕으로 새로운 도전을 시작할 차례이며 D-ID AI는 그 여정에서 중요한 역할을 할 것이다.

1. 챗봇의 역할과 필요성

챗봇은 현대 비즈니스에서 고객과의 상호작용을 혁신적으로 변화시키고 있다. 특히 24시간 언제든지 고객의 요구에 대응할 수 있는 능력 덕분에 챗봇은 기업 운영의 효율성을 크게 향상시킬 수 있다. 이 장에서는 챗봇의 기본적인 역할과 필요성 그리고 그들이 기업의 고객 서비스에 어떻게 기여하는 지에 대해 자세히 살펴본다.

1) 고객 지원의 자동화

AI 챗봇은 고객 문의에 실시간으로 응답해 고객 지원 업무를 자동화한다. 이는 고객 만족도를 높이고 인적 자원의 효율성을 극대화하므로 챗봇의 가장 큰 장점 중 하나다. 챗봇은 다양한 고객 요청을 처리할 수 있도록 설계돼, 기업이 고객 서비스의 품질을 높이는 동시에 비용을 절감할 수 있게 돕는다. 다음은 고객 지원 자동화가 왜 중요한지 그리고 챗봇이 이를 어떻게 실현하는지 설명한다.

(1) 실시간 대응

고객은 문제 발생 시 즉각적인 해결을 원한다. 전통적인 고객 서비스 모델에서는 인력이 한계로 인해 모든 고객의 요청에 실시간으로 대응하기 어렵다. 그러나 챗봇은 이러한 문제를 해결해준다. 고객이 쇼핑몰에서 제품을 주문한 후 배송 상태를 확인하려 할 때, 챗봇은 실시간으로 배송 정보를 제공할 수 있다. 이는 고객이 원하는 정보를 즉각적으로 제공함으로써 고객 만족도를 높이는 데 기여한다.

(2) 반복적인 작업 처리

고객 서비스에서 반복적으로 발생하는 질문과 요청은 매우 많다. 이러한 반복적인 작업은 인간 서비스 담당자에게는 부담이 될 수 있지만, 챗봇은 이런 작업을 효율적으로 처리할 수 있다. 예를 들어, 고객이 자주 묻는 질문(FAQ)에 대한 답변을 제공하는 것처럼, 챗봇은 미리 프로그래밍된 대화 스크립트를 통해 반복적인 문의를 처리할 수 있다. 이를 통해 서비스 담당자는 보다 복잡한 문제나 개인화된 고객 서비스에 집중할 수 있게 된다.

(3) 24/7 서비스 제공

챗봇은 24시간 내내 운영돼, 시간에 구애받지 않고 고객 지원을 제공할 수 있다. 이는 특히 글로벌 기업에 유리하다. 다른 시간 대에 위치한 고객들이 언제든지 지원을 받을 수 있기 때문이다. 예를 들어, 국제적인 전자상거래 기업은 다양한 시간대에 있는 고객들에게 동일한 수준의 서비스를 제공할 수 있어야 한다. 챗봇은 이를 가능하게 함으로써, 고객 만족도를 유지하고, 경쟁력을 확보하는 데 큰 도움을 준다.

2) 비용 절감

챗봇은 반복적인 작업을 자동으로 처리해 인건비를 절감할 수 있다. 이는 기업의 운영 비용을 줄이는 데 큰 기여를 한다. 비용 절감의 구체적인 이점은 다음과 같다.

(1) 인력 비용 절감

고객 서비스 부문에서 인력 운영 비용은 상당하다. 챗봇은 이러한 비용을 줄이는 데 큰 역할을 할 수 있다. 예를 들어, 기업이 24시간 고객 서비스를 제공하기 위해서는 상당한 인력을 필요로 한다. 그러나 챗봇을 도입하면 이러한 인력의 필요성이 줄어든다. 반복적인 문의나 간단한 문제 해결을 위해 인력을 고용할 필요 없이 챗봇이 이를 대신 처리할 수 있기 때문이다. 이는 기업이 더 중요한 분야에 인력을 재배치할 수 있도록 하며 운영 비용을 절감하게 한다.

(2) 인력 효율성 향상

챗봇은 고객 서비스 팀의 효율성을 높이는 데 기여한다. 반복적이고 단순한 작업을 챗봇이 처리함으로써 고객 서비스 담당자들은 보다 복잡한 문제 해결이나 전략적 업무에 집중할 수 있다. 예를 들어, 고객 서비스 담당자가 단순한 배송 문의나 제품 정보 제공에 시간을 할애하는 대신, 챗봇이 이를 처리하고, 담당자는 고객 불만 해결이나 맞춤형 서비스 제공에 집중할 수 있다. 이는 전체적인 고객 서비스의 질을 높이는 동시에, 인력의 효율성을 극대화하는 효과를 가져온다.

(3) 기술 유지 비용 절감

전통적인 고객 서비스 시스템은 유지 보수에 상당한 비용이 들 수 있다. 하지만 챗봇은 클라우드 기반의 시스템을 활용해 유지 보수 비용을 크게 줄일 수 있다. 예를 들어, AI 기반 챗봇은 자동 업데이트 및 유지 보수가 가능하며 별도의 시스템 관리자가 필요하지 않다. 이는 기술적인 유지 비용을 절감할 뿐만 아니라 서비스 가동 중단 시간도 최소화할 수 있다.

3) 데이터 수집과 분석

챗봇은 고객과의 상호작용을 통해 유용한 데이터를 수집할 수 있다. 이러한 데이터는 마케팅 전략을 수립하고 고객 경험을 개선하는 데 중요한 정보를 제공한다. 챗봇이 데이터를 어떻게 수집하고,그 데이터를 어떻게 활용할 수 있는지 그 이점은 다음과 같다.

(1) 고객 행동 데이터 수집

챗봇은 고객과의 대화를 통해 다양한 데이터를 수집할 수 있다. 예를 들어, 고객이 자주 묻는 질문이나 제품에 대한 피드백을 수집해 이를 바탕으로 고객의 관심사와 선호도를 분석할 수 있다. 또한 챗봇은 고객의 구매 이력, 검색 패턴 등을 추적해 고객 행동 데이터를 축적할 수 있다. 이러한 데이터는 고객의 구매 패턴을 이해하고 향후 마케팅 전략을 세우는 데 중요한 기초 자료로 활용될 수 있다.

(2) 실시간 데이터 분석

챗봇은 실시간으로 데이터를 분석하고 이를 바탕으로 고객에게 맞춤형 서비스를 제공할 수 있다. 예를 들어, 특정 제품에 대한 관심이 높아지는 시점을 파악해 해당 제품에 대한 프로모션을 실시간으로 진행할 수 있다. 또한 챗봇은 고객의 문의 내용을 분석해, 고객이 요구하는 서비스를 즉각적으로 제공할 수 있다. 이를 통해 고객 만족도를 높이고 기업의 마케팅 효율성을 극대화할 수 있다.

(3) 맞춤형 마케팅 전략 수립

수집된 데이터를 바탕으로 챗봇은 개인화된 마케팅 전략을 수립하는 데 기여할 수 있다. 예를 들어, 고객의 구매 이력과 선호도를 바탕으로 맞춤형 제품 추천이나 특별 할인 정보를 제공할 수 있다. 또한 고객의 행동 패턴을 분석해 특정 시간대나 특정 이벤트에 맞춰 개인화된 마케팅 메시지를 전달할 수 있다. 이는 고객 충성도를 높이고, 재구매를 유도하는 데 큰 효과를 발휘한다.

챗봇은 고객 지원 자동화, 비용 절감, 데이터 수집 및 분석이라는 측면에서 현대 기업에 필수적인 도구로 자리 잡고 있다. 이를 통해 기업은 고객 만족도를 높이고 운영 효율성을 극대화할 수 있으며 나아가 개인화된 마케팅 전략을 통해 경쟁력을 강화할 수 있다. 챗봇의 도입은 단순히 기술적인 혁신을 넘어 고객과의 관계를 강화하고 기업의 성장을 촉진하는 중요한 요소가 될 것이다.

2. D-ID AI 기반 챗봇의 특징

D-ID AI 기반 챗봇은 기존의 단순한 텍스트 기반 챗봇과는 차별화된 여러 가지 독특한 기능을 제공한다. 이 챗봇은 단순한 응답 기능을 넘어 보다 인간적이고 사실적인 대화, 개인화된 경험 제공, 멀티미디어 통합 등의 기능을 통해 고객과의 상호작용을 강화한다. D-ID AI 기반 챗봇의 주요 특징들을 자세히 살펴보며 이 챗봇이 어떻게 기업 마케팅에 혁신을 가져올 수 있는지 알아본다.

1) 사실적인 대화

D-ID AI 기반 챗봇은 자연스럽고 사실적인 대화를 통해 고객 경험을 극대화한다. 단순히 텍스트로 응답하는 것이 아닌 음성, 표정, 제스처 등을 결합해 고객과의 상호작용을 더욱 인간적으로 만든다.

(1) 음성 및 텍스트 통합

D-ID AI 기반 챗봇은 텍스트 기반 대화뿐만 아니라 음성 대화도 지원한다. 이를 통해 고객은 더 자연스럽게 챗봇과 상호작용할 수 있다. 예를 들어, 고객이 음성으로 질문을 던지면 챗봇은 음성으로 답변을 제공하면서 동시에 텍스트로도 답변을 보여준다. 이러한 통합된 접근 방식은 고객이 자신에게 가장 편리한 방법으로 챗봇과 상호작용할 수 있도록 도와준다.

(2) 얼굴 표정과 제스처

D-ID AI는 얼굴 인식 및 애니메이션 기술을 통해 챗봇에 사실적인 얼굴 표정과 제스처를 부여할 수 있다. 고객이 질문할 때 챗봇은 단순히 텍스트나 음성으로만 응답하는 것이 아니라 얼굴표정과 제스처를 통해 감정을 표현할 수 있다. 예를 들어, 고객이 제품에 대해 불만을 제기할 때 챗봇은 걱정스러운 표정을 짓고 공감하는 제스처를 보일 수 있다. 이러한 시각적 피드백은 고객과의 관계를 더욱 깊이 있게 만들어 준다.

(3) 대화 흐름의 자연스러움

D-ID AI 기반 챗봇은 대화의 흐름을 자연스럽게 이어가는 능력을 갖고 있다. 이는 대화의 맥락을 이해하고 이전 대화 내용을 기억하며, 이를 기반으로 적절한 응답을 제공하는 기술을 통해 이뤄진다. 예를 들어, 고객이 특정 제품에 대해 질문을 한 후 다른 제품과의 비교를 요청할 때 챗봇은 이전 대화 내용을 기억하고 이를 바탕으로 비교 정보를 제공할 수 있다. 이는 고객이 더 편리하고 매끄럽게 대화를 이어나갈 수 있도록 도와준다.

2) 개인화된 경험 제공

D-ID AI 기반 챗봇은 고객의 데이터를 분석해 개인화된 경험을 제공한다. 이는 고객의 과거 행동, 선호도, 구매 이력 등을 바탕으로 맞춤형 서비스를 제공함으로써, 고객 만족도를 극대화한다.

(1) 고객 데이터 수집

D-ID AI 기반 챗봇은 고객과의 상호작용을 통해 다양한 데이터를 수집한다. 이러한 데이터에는 고객의 구매 이력, 검색 기록, 선호도 등이 포함된다. 예를 들어, 고객이 과거에 특정 카테고리의 제품을 자주 구매했다

면, 챗봇은 해당 카테고리와 관련된 제품을 추천할 수 있다. 이와 같이 데이터 수집 단계는 개인화된 경험 제공의 기초가 된다.

(2) 데이터 분석 및 인사이트 도출

수집된 고객 데이터를 바탕으로, D-ID AI는 데이터를 분석해 고객의 행동 패턴과 선호도를 파악한다. 특정 시간대에 자주 활동하는 고객에게는 그 시간대에 맞춘 프로모션 정보를 제공할 수 있다. 또한 고객이 선호하는 브랜드나 제품을 분석해 고객이 관심을 가질 만한 제품을 추천하는 것도 가능하다. 이러한 데이터 분석을 통해 챗봇은 더욱 정교하고 개인화된 서비스를 제공할 수 있다.

(3) 맞춤형 서비스 제공

데이터 분석 결과를 바탕으로 D-ID AI 기반 챗봇은 고객에게 맞춤형 서비스를 제공한다. 고객이 특정 제품을 구매하려고 할 때 챗봇은 그 제품과 관련된 추가 제품이나 액세서리를 추천할 수 있다. 또한 고객의 생일이나 특별한 기념일에는 개인화된 할인 쿠폰이나 프로모션 정보를 제공할 수 있다. 이러한 맞춤형 서비스는 고객 충성도를 높이고 재구매를 유도하는 데 중요한 역할을 한다.

3) 멀티미디어 통합

D-ID AI 기반 챗봇은 텍스트뿐만 아니라 영상, 이미지, 음성 등 다양한 멀티미디어 콘텐츠를 통합해 제공할 수 있다. 이를 통해 고객은 더욱 풍부하고 다채로운 정보를 제공받을 수 있으며 기업은 보다 효과적으로 메시지를 전달할 수 있다.

(1) 영상 콘텐츠 통합

D-ID AI 기반 챗봇은 영상 콘텐츠를 대화 중에 자연스럽게 통합할 수 있다. 고객이 특정 제품의 사용법을 문의할 때 챗봇은 해당 제품의 사용법을 설명하는 동영상을 바로 재생할 수 있다. 이는 고객이 텍스트 설명만으로 이해하기 어려운 부분을 영상으로 쉽게 이해할 수 있도록 도와준다. 또한 제품 소개 영상이나 튜토리얼을 제공함으로써 고객이 제품의 특징과 사용 방법을 보다 명확하게 이해할 수 있다.

(2) 이미지와 그래픽 활용

챗봇은 대화 중에 이미지를 삽입해 고객에게 시각적인 정보를 제공한다. 고객이 다양한 색상 옵션을 가진 제품을 선택할 때 챗봇은 각 색상에 해당하는 이미지를 보여줄 수 있고, 그래픽을 활용해 제품의 사양이나 기능을 시각적으로 설명할 수 있다. 이는 고객이 제품의 정보를 더 쉽게 이해하고 비교할 수 있도록 돕는다.

(3) 음성 콘텐츠 통합

D-ID AI 기반 챗봇은 음성 콘텐츠를 통합해 보다 인간적인 상호작용을 제공한다. 고객이 특정 제품에 대한 설명을 요청할 때 챗봇은 음성으로 제품의 특징을 설명할 수 있다. 고객의 문의에 대한 답변을 음성으로 제공함으로써 고객은 텍스트를 읽을 필요 없이 편리하게 정보를 얻을 수 있다. 이것은 특히 시각 장애가 있는 고객이나 이동 중에 있는 고객들에게 유용할 수 있다.

D-ID AI 기반 챗봇은 사실적인 대화, 개인화된 경험 제공, 멀티미디어 통합이라는 세 가지 주요 특징을 통해 기존의 챗봇과 차별화된 가치를 제공한다. 이 챗봇은 고객과의 상호작용을 인간적이고 효율적이며 다채롭게

만들어 기업의 마케팅 전략에 혁신을 가져올 수 있다. 이러한 챗봇을 도입함으로써 기업은 고객 만족도를 높이고 브랜드 충성도를 강화할 수 있다. D-ID AI 기반 챗봇은 단순한 도구를 넘어 고객 경험을 향상시키고 기업의 성장을 촉진하는 강력한 수단이 될 것이다.

3. 기업 마케팅에서 D-ID AI의 역할

D-ID AI는 기업 마케팅의 다양한 측면에서 중요한 역할을 담당한다. 이 기술은 브랜드 이미지를 강화하고 콘텐츠 제작의 효율성을 높이며 글로벌 시장에서도 효과적으로 활용될 수 있다. 이 장에서는 D-ID AI가 기업 마케팅에 어떻게 기여할 수 있는지 그리고 이를 통해 기업이 어떻게 경쟁력을 강화할 수 있는지에 대해 자세히 설명한다.

1) 브랜드 이미지 강화

D-ID AI는 기업의 브랜드 이미지를 강화하는 데 매우 중요한 역할을 한다. 디지털 아바타와 같은 기술을 통해 브랜드의 정체성을 시각적으로 표현하고 고객과의 감정적 연결을 더욱 깊게 만들 수 있다. 이 섹션에서는 D-ID AI가 브랜드 이미지 강화에 어떻게 기여하는지 구체적으로 설명한다.

(1) 디지털 아바타를 통한 시각적 표현

D-ID AI는 디지털 아바타를 통해 브랜드의 정체성을 시각적으로 표현할 수 있다. 이러한 디지털 아바타는 브랜드의 특징과 가치를 담아내며 고객과의 상호작용에서 일관된 이미지를 유지하도록 도와준다. 예를 들어,

특정 패션 브랜드가 D-ID AI를 활용해 브랜드의 이미지에 맞는 디지털 아바타를 생성하고 이를 소셜 미디어나 웹사이트에서 고객과 소통하는 데 활용할 수 있다. 이러한 접근은 브랜드에 대해 더욱 친근하게 느끼게 하고 브랜드와의 감정적 유대를 강화한다.

(2) 브랜드 메시지의 효과적인 전달

D-ID AI를 통해 제작된 디지털 콘텐츠는 브랜드 메시지를 더욱 생동감 있게 전달할 수 있다. 특히 디지털 아바타나 AI 기반 영상은 시청자의 시선을 끌고 브랜드 메시지를 보다 효과적으로 전달하는 데 큰 역할을 한다. 예를 들어, 브랜드가 새로운 제품을 출시할 때 D-ID AI를 통해 제작된 영상 콘텐츠는 제품의 특징을 강조하고 브랜드의 핵심 가치를 소비자에게 전달하는 데 매우 효과적이다. 이는 고객이 브랜드를 더욱 깊이 이해하고 브랜드에 대한 긍정적인 인식을 가지도록 도와준다.

(3) 고객과의 감정적 연결 강화

D-ID AI는 브랜드와 고객 간의 감정적 연결을 강화하는 데도 큰 역할을 한다. AI 기술을 활용해 고객의 감정과 반응을 분석하고 이에 맞춘 맞춤형 콘텐츠를 제공함으로써 고객과의 관계를 더욱 깊게 만들 수 있다. 특정 고객이 브랜드에 대한 호감을 나타내는 반응을 보이면 D-ID AI는 그 고객에게 개인화된 메시지나 특별 혜택을 제공함으로써 브랜드 충성도를 높일 수 있다. 이는 고객이 브랜드에 대해 더 많은 애정을 가지게 하고 장기적으로 브랜드에 대한 긍정적인 인식을 강화시킨다.

2) 콘텐츠 제작의 효율성 증대

D-ID AI는 콘텐츠 제작 과정에서 효율성을 극대화하는 데 중요한 역할을 한다. AI 기술을 활용하면 콘텐츠 제작 시간이 단축되고 비용을 절감할

수 있으며 더 나아가 개인화된 콘텐츠를 대량으로 생산할 수 있다. 이 섹션에서는 D-ID AI가 콘텐츠 제작의 효율성을 어떻게 높일 수 있는지 설명한다.

(1) 자동화된 콘텐츠 제작

D-ID AI는 콘텐츠 제작 과정을 자동화해 제작 시간을 크게 단축시킬 수 있다. 예를 들어, 브랜드는 AI를 활용해 제품 설명 영상이나 마케팅 캠페인에 필요한 콘텐츠를 신속하게 생성할 수 있다. 기존에는 콘텐츠 제작에 수일이 소요되었을 수 있지만 AI를 통해 몇 시간 만에 완성된 콘텐츠를 제작할 수 있다. 이는 콘텐츠 제작 비용을 절감하고 더 많은 콘텐츠를 빠르게 생산할 수 있게 한다.

(2) 대량 개인화 콘텐츠 제공

D-ID AI는 개인화된 콘텐츠를 대량으로 제작해 각 고객에게 맞춤형 메시지를 제공할 수 있다. 예를 들어, 고객의 구매 이력이나 선호도를 분석해 각 고객에게 적합한 제품 추천 영상을 자동으로 생성할 수 있다. 이러한 개인화된 접근은 고객의 관심을 끌고 더 높은 전환율을 달성하는 데 기여한다. 또한 개인화된 콘텐츠는 고객이 브랜드에 대해 더 깊은 신뢰를 갖도록 돕는다.

(3) 멀티미디어 콘텐츠 제작

D-ID AI는 영상, 음성, 이미지 등 다양한 형태의 멀티미디어 콘텐츠를 제작할 수 있다. 예를 들어, 브랜드는 AI를 활용해 제품의 사용법을 설명하는 튜토리얼 영상이나 고객 후기 영상을 제작할 수 있다. 멀티미디어 콘텐츠는 텍스트만으로는 전달하기 어려운 정보를 효과적으로 전달할 수 있으며 고객의 이해도를 높이는 데 큰 역할을 한다. 또한 이러한 콘텐츠는

다양한 마케팅 채널에서 활용될 수 있어 브랜드 메시지를 보다 널리 확산시키는 데 기여한다.

3) 글로벌 마케팅 지원

D-ID AI는 다국어 지원과 문화적 맞춤형 콘텐츠 제작을 통해 글로벌 마케팅을 지원할 수 있다. 이는 다양한 언어와 문화적 배경을 가진 고객들에게 맞춤형 메시지를 전달함으로써 글로벌 시장에서의 성과를 극대화할 수 있게 한다. 이 섹션에서는 D-ID AI가 글로벌 마케팅에서 어떻게 효과적으로 활용될 수 있는지 설명한다.

(1) 다국어 지원

D-ID AI는 다양한 언어를 지원해 글로벌 마케팅 캠페인을 더욱 효과적으로 진행할 수 있다. 예를 들어, AI는 영어, 스페인어, 중국어 등 주요 언어로 콘텐츠를 자동으로 번역해 제공할 수 있다. 이를 통해 브랜드는 글로벌 시장에서 각 지역의 언어에 맞춘 콘텐츠를 제공할 수 있으며 이를 통해 현지 고객들과의 소통을 강화할 수 있다. 또한 다국어 지원은 현지화된 마케팅 전략을 수립하는 데 중요한 역할을 한다.

(2) 문화적 맞춤형 콘텐츠 제작

D-ID AI는 각 지역의 문화적 특성을 반영한 맞춤형 콘텐츠를 제작할 수 있다. 이는 각 지역의 문화적 차이를 존중하고 현지 고객들에게 더욱 공감할 수 있는 메시지를 전달하는 데 도움이 된다. 예를 들어, 아시아 시장에서는 고객들이 선호하는 디자인과 색상을 반영한 콘텐츠를 제작하고 유럽 시장에서는 그 지역의 문화적 감성을 반영한 메시지를 전달할 수 있다. 이러한 맞춤형 콘텐츠는 글로벌 시장에서 브랜드의 인지도를 높이고 현지 고객들과의 관계를 강화하는 데 기여한다.

(3) 글로벌 캠페인 관리

D-ID AI는 글로벌 마케팅 캠페인을 통합적으로 관리하는 데도 도움을 준다. AI를 활용해 각 지역의 마케팅 성과를 실시간으로 모니터링하고 이를 바탕으로 전략을 조정할 수 있다. 예를 들어, 특정 지역에서 캠페인이 예상보다 저조한 성과를 보일 경우 AI는 그 원인을 분석하고 개선된 전략을 제안할 수 있다. 또한 글로벌 캠페인을 진행하면서 발생하는 데이터를 분석해 향후 캠페인에 대한 인사이트를 도출할 수 있다. 이를 통해 브랜드는 글로벌 시장에서 더욱 일관된 성과를 달성할 수 있다.

D-ID AI는 기업 마케팅의 다양한 측면에서 중요한 역할을 수행하며 브랜드 이미지 강화, 콘텐츠 제작의 효율성 증대, 글로벌 마케팅 지원이라는 세 가지 주요 영역에서 특히 두드러진 성과를 보인다. 디지털 아바타와 같은 혁신적인 기술을 통해 브랜드의 정체성을 강화하고 AI 기반 콘텐츠 제작을 통해 마케팅 활동의 효율성을 극대화하며 글로벌 시장에서의 경쟁력을 높일 수 있다. 이러한 D-ID AI의 역할을 통해 기업은 더욱 효과적으로 고객과 소통하고 장기적인 성장을 이끌어낼 수 있다. D-ID AI는 단순한 마케팅 도구를 넘어 기업이 디지털 시대에 성공할 수 있도록 돕는 중요한 파트너가 될 것이다.

4. 기업용 D-ID 챗봇 만들기

D-ID AI를 활용한 기업용 챗봇 구축은 매우 효율적이고 효과적인 과정이다. 이 챗봇은 단순한 대화형 도구를 넘어선 고객 상호작용을 제공하며, 이를 통해 기업은 고객 서비스의 질을 높이고, 마케팅 효율성을 극대화할 수 있다.

1) D-ID AI 플랫폼에 로그인하기

D-ID AI 기반 챗봇을 만들기 위해서는 먼저 D-ID 플랫폼에 로그인한다. 이 과정은 매우 간단하며, 챗봇을 구축하기 위한 첫 번째 단계이다. 다음은 로그인 절차에 대한 설명이다.

(1) D-ID AI 홈페이지 접속

① 먼저 웹 브라우저를 열고, D-ID AI의 공식 웹사이트에 접속한다. 주소는 https://www.d-id.com.

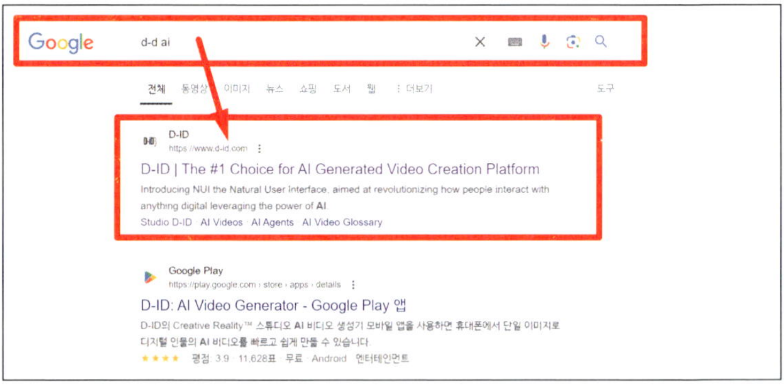

[그림1] 구글 검색 창에 D-ID AI를 대소문자 상관없이 입력한다.(출처:구글)

② 홈페이지 오른쪽 상단에 위치한 'Login' 버튼을 클릭한다. 계정이 없을 경우, 'Sign Up'을 클릭해 새 계정을 생성할 수 있다.

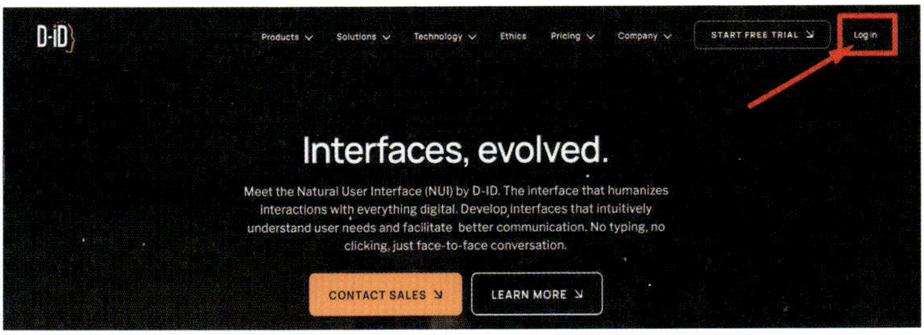

[그림2] Login 버튼을 클릭한다 (출처 D-ID)

③ 기존 계정이 있는 경우, 이메일 주소와 비밀번호를 입력한 후 '로그인' 버튼을 클릭한다. 계정 생성 시에는 필요한 정보를 입력한 후 이메일 인증 절차를 거쳐 계정을 활성화한다.

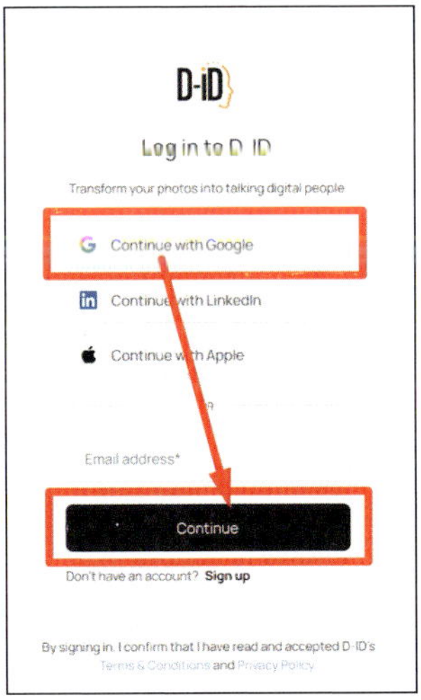

[그림3] 구글로 계속한다.(출처 D-ID)

[그림4] 내 구글 계정으로 로그인한다.(출처 D-ID)

[그림5] d-id.com 서비스로 로그인한다.(출처 D-ID)

④ 대시보드의 설정 메뉴에서 프로필 정보를 업데이트한다. 여기에는 회사 규모, 담당자 정보 그리고 챗봇의 목적 등 기본적인 정보를 입력할 수 있다.

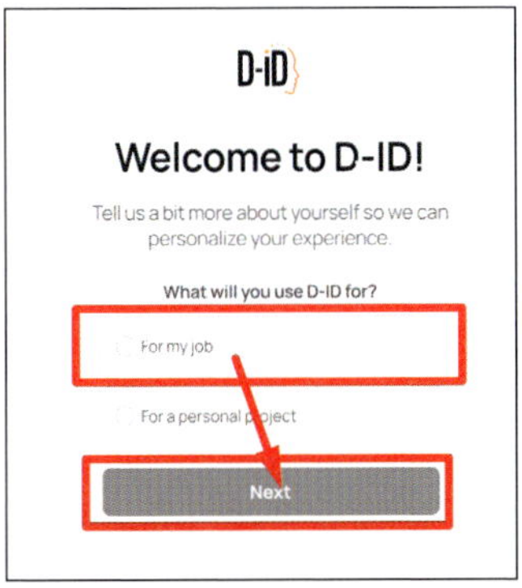

[그림6] 챗봇 사용 목적(출처 D-ID)

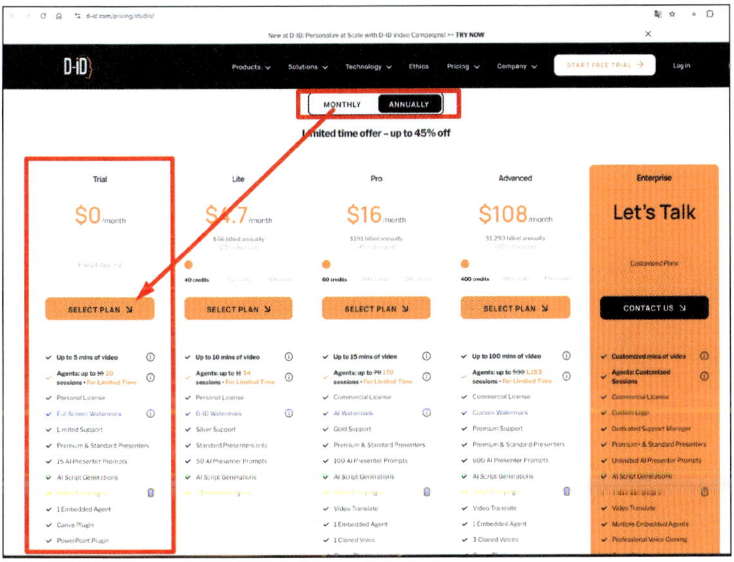

[그림7] 무료 버전으로 한다.(출처 D-ID)

(2) 계정 설정 및 대시보드 탐색

로그인 후, D-ID AI의 대시보드에 접근할 수 있다. 여기에서 챗봇을 설계하고 관리할 수 있는 다양한 기능을 활용할 수 있다.

홈 화면에서 'Creat an Agent'를 클릭한다.

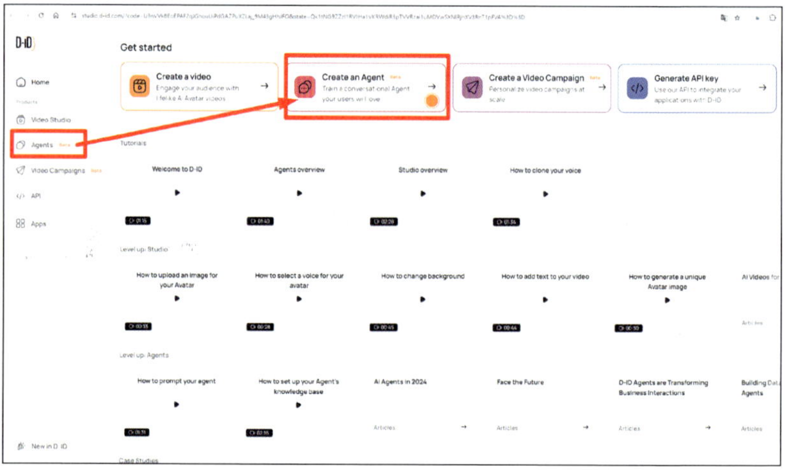

[그림8] 홈 화면에서 'Creat an Agent'를 클릭

① 대시보드를 통해 챗봇 제작에 필요한 여러 메뉴와 옵션을 확인한다. 여기에는 새로운 챗봇을 생성하거나 기존 챗봇을 관리할 수 있는 옵션이 포함된다. 엘지전자 냉장고 챗봇을 만들어보기로 한다.

생성AI로 만든 모델을 업로드한 후 '다음'을 누른다.

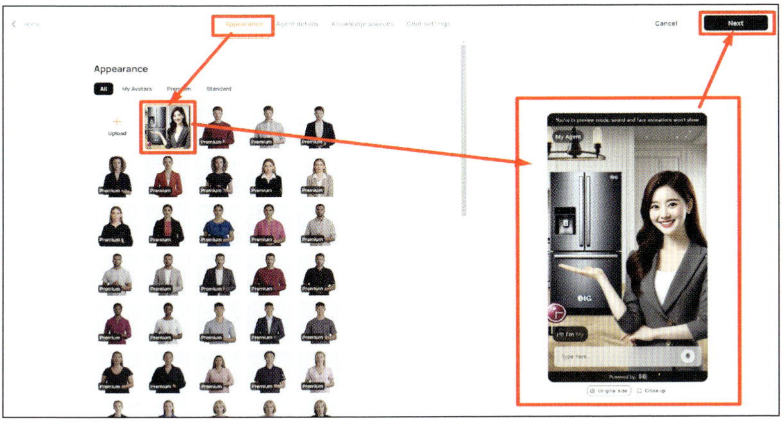

[그림9] 업로드하기

② 새로운 챗봇 프로젝트를 시작한다. 프로젝트 이름과 설명을 입력하고 챗봇의 목표를 설정한다.

'Agent details'에서 빈칸을 작성한다. 챗봇 이름도 정의하고 언어도 설정하고 목소리 주인공도 선택한다.

[그림10] 'Agent details'에서 빈칸 작성

2) 챗봇 대화 시나리오 설계

날리지 소스는 대화 시나리오를 설계하는 단계에서 매우 중요한 역할을 한다. 고객과의 자연스런 상호작용을 위해서는 잘 설계된 대화 흐름이 필요하다. 그렇게 하기 위해서 정확한 데이터와 정보를 입력해야 한다. 대화 시나리오를 설계하는 방법을 단계별로 설명한다.

(1) 데이터와 정보(Knowledge sources)

① 챗봇이 처리해야 할 주요 시나리오를 정의한다. 고객이 제품 정보에 대해 문의할 때 챗봇이 제공할 응답을 설계한다.

날리지 소스에서 파일을 업로드한다. PDF, TXT, PPTX로 받는다.

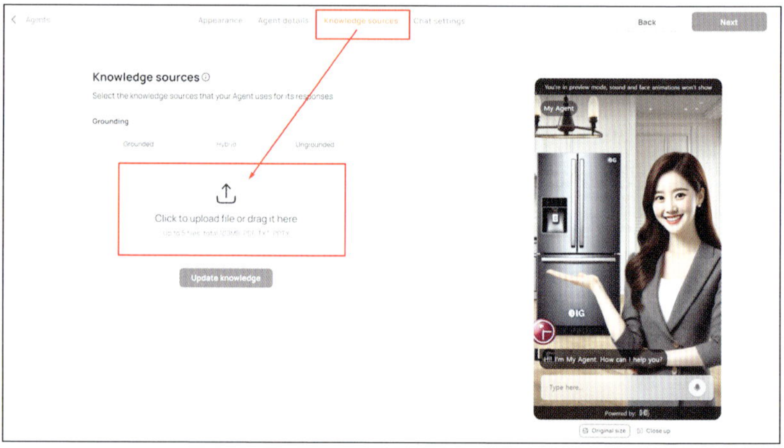

[그림11] 날리지 소스에서 파일을 업로드하기

구글에서 엘지전자를 검색해서 냉장고에 대한 PDF를 다운로드 받는다.

[그림12] 구냉장고에 대한 PDF 다운로드 받기

다운받은 PDF 파일을 업로드한다.

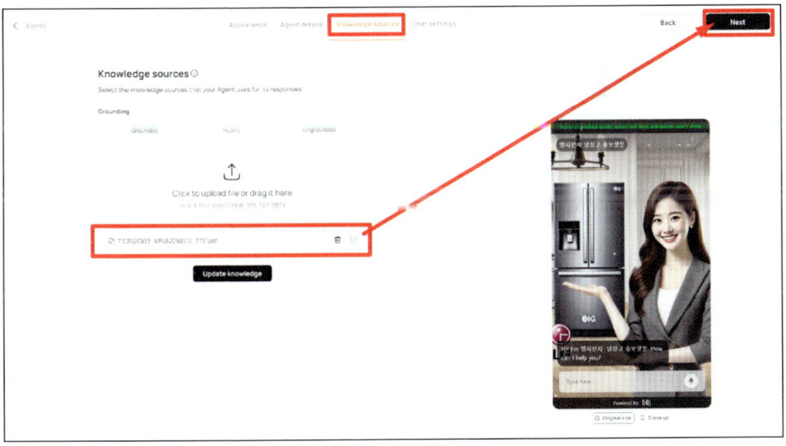

[그림13] PDF 파일 업로드하기

② 다양한 고객 요청에 대응하기 위해 대화 트리를 작성한다. 대화 트리는 고객의 질문에 따라 챗봇이 어떻게 응답할지, 어떤 추가 정보를 요청할지 등을 체계적으로 정리한 것이다.

환영 인사와 질문을 입력한다.

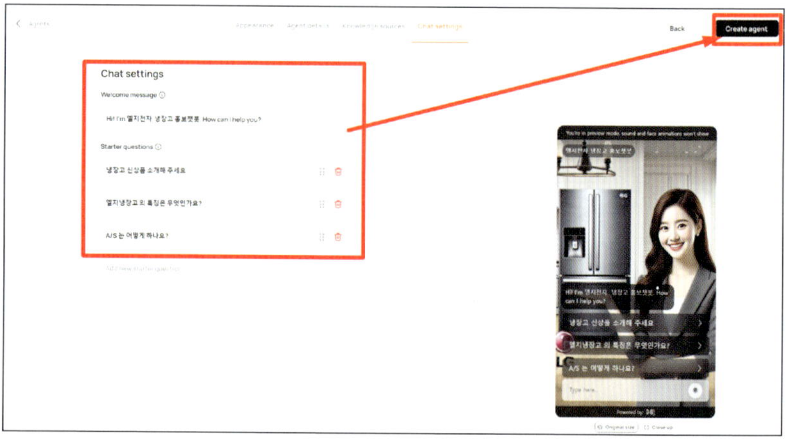

[그림14] 환영 인사 질문 입력하기

예를 들어 이렇게 질문할 수 있다.

'LG 냉장고의 주요 기능은 무엇인가요?'
'LG 냉장고의 에너지 효율 등급은 어떻게 되나요?'
'LG 냉장고의 최신 모델에서 제공하는 스마트 기능에 대해 설명해 주실 수 있나요?'
'LG 냉장고의 용량 선택 시 고려해야 할 점은 무엇인가요?'
'LG 냉장고의 보증 기간과 에프터 서비스 정책은 어떻게 되나요?'

③ 예상치 못한 질문이나 응답에 대비해 예외 처리를 설정한다. 이를 통해 챗봇이 모든 상황에서 자연스럽게 대화를 이어갈 수 있다.

(2) 사용자 입력 및 응답 설정

① 고객이 텍스트로 질문을 입력했을 때 챗봇이 이를 분석해 적절히 응답하도록 설정한다. 이 과정에서는 키워드 인식과 자연어 처리(NLP) 기술을 활용한다.

② 음성 인식을 활용해 고객의 음성 질문에도 응답할 수 있도록 설정한다. 이 옵션은 특히 모바일 환경에서 유용하게 사용될 수 있다.

③ 챗봇이 고객의 입력에 따라 자동으로 응답을 생성할 수 있도록 설정한다. 특정 제품에 대한 질문에 대해 자동으로 제품 설명을 제공하도록 설정할 수 있다.

(3) 대화 시뮬레이션 및 테스트

① 대화 시나리오가 제대로 설정되었는지 확인하기 위해 시뮬레이션 모드를 활성화한다. 이 모드를 통해 실제 고객과의 대화를 시뮬레이션할 수 있다.

② 다양한 시나리오를 테스트해 챗봇의 응답이 정확하고 자연스러운지 확인한다. 테스트 결과를 바탕으로 필요한 부분을 수정하거나 개선한다.

③ 테스트 결과를 분석해 대화 흐름에 문제가 없는지 확인한다. 필요한 경우 대화 트리를 재구성하거나 응답 패턴을 조정한다.

수정하고 싶은 부분이 있으면 우측 상단의 연필 모양의 'Edit'를 눌러 편집한다.

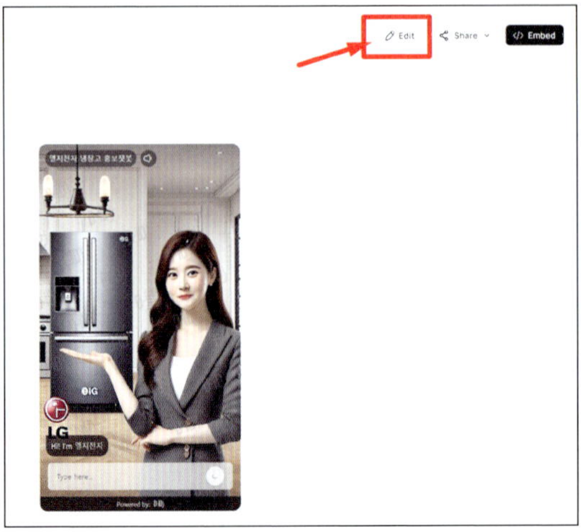

[그림15] 수정 부분 편집하기

완성되면 링크를 복사해 공유한다.

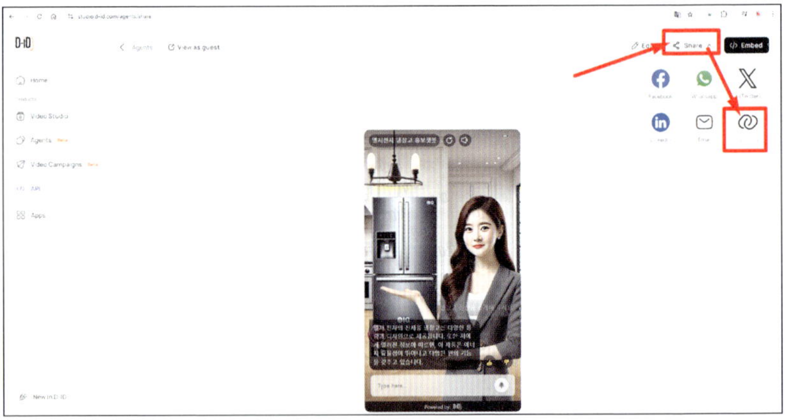

[그림16] 링크 복사 공유하기

3) D-ID AI 기반 챗봇의 외관 및 사용자 인터페이스(UI) 설정

챗봇의 외관과 사용자 인터페이스(UI)는 고객 경험에 큰 영향을 미친다. D-ID AI는 사용자 친화적인 UI를 제공해 고객이 챗봇과 상호작용할 때 편리함을 느끼도록 한다. 이 섹션에서는 챗봇의 UI와 외관을 설정하는 방법을 설명한다.

(1) UI 테마 선택

① D-ID AI 대시보드에서 제공하는 다양한 테마 중에서 챗봇의 UI 테마를 선택한다. 기업의 브랜드 이미지에 맞는 테마를 선택하는 것이 중요하다.

② 테마 커스터마이징을 합니다. 기본 테마를 선택한 후, 색상, 폰트, 버튼 스타일 등을 세부적으로 조정해 맞춤형 UI를 생성한다. 예를 들어, 기업의 로고 색상과 일치하는 색상을 사용해 일관된 브랜드 이미지를 유지할 수 있다.

③ 설정한 UI를 미리보기 화면에서 확인하고, 만족스러운 결과가 나오면 적용한다.

(2) 챗봇 아바타 설정

① D-ID AI는 다양한 아바타 옵션을 제공한다. 챗봇에 사용할 아바타를 선택해 고객과의 상호작용에 더욱 인간적인 요소를 추가한다.

② 선택한 아바타의 표정, 의상, 헤어스타일 등을 조정해 브랜드 이미지에 맞는 아바타를 설정한다. 친근하고 신뢰감을 주는 표정의 아바타를 선택할 수 있다.

③ 아바타가 고객의 질문에 따라 다양한 애니메이션을 실행하도록 설정한다.

(3) 사용자 인터페이스(UI) 테스트

① 설정된 UI가 실제로 어떻게 작동하는지 확인하기 위해 테스트 모드를 활성화한다. 이 모드에서는 고객이 실제로 챗봇과 상호작용할 때의 UI를 시뮬레이션할 수 있다.

② 다양한 사용자 시나리오를 통해 UI의 사용성을 테스트한다. 고객이 쉽게 네비게이션할 수 있는지 필요한 정보를 신속하게 얻을 수 있는지 확인한다.

③ 테스트 결과를 바탕으로 UI의 개선이 필요한 부분을 수정한다.

4) 챗봇 배포 및 모니터링

챗봇이 설정되면, 이를 실제 환경에 배포하고 지속적으로 모니터링해야 한다. 이 과정에서는 챗봇의 성능을 분석하고 필요에 따라 개선 작업을 진행한다.

(1) 챗봇 배포

챗봇을 다양한 플랫폼에 배포하는 과정은 각 플랫폼의 특성에 따라 달라질 수 있다.

① 모든 설정이 완료되면 챗봇을 실제 운영 환경에 배포할 준비를 한다. 배포 전에 마지막으로 설정을 검토하고 필요한 경우 수정 작업을 진행한다.

② 챗봇을 배포할 플랫폼을 선택한다. 웹사이트, 모바일 앱, 소셜 미디어 등 다양한 채널이 있다.

(2) 성능 모니터링

챗봇이 배포된 후에는 지속적으로 성능을 모니터링하고 필요에 따라 개선 작업을 진행해야 한다. 이를 통해 챗봇이 항상 최상의 상태에서 운영될 수 있도록 관리할 수 있다.

5. D-ID AI 챗봇의 마케팅 전략 활용

D-ID AI 기반 챗봇을 효과적으로 활용하면 기업의 마케팅 전략을 크게 강화할 수 있다. 이러한 챗봇은 고객과의 상호작용을 개인화하고 실시간으로 데이터를 분석해 맞춤형 마케팅 캠페인을 실행하는 데 중요한 도구로 작용한다. D-ID AI 챗봇을 마케팅 전략에 통합해 활용하는 방법을 보여준다.

1) 맞춤형 마케팅 캠페인 실행

D-ID AI 챗봇을 통해 맞춤형 마케팅 캠페인을 실행하면 고객의 요구에 맞춘 개인화된 메시지를 전달할 수 있다. 고객의 참여도를 높이고 전환율을 극대화할 수 있다. 이 섹션에서는 맞춤형 마케팅 캠페인을 실행하는 절차를 설명한다.

(1) 고객 세그먼트 정의

① D-ID AI는 고객 데이터를 분석해 다양한 고객 세그먼트를 정의할 수 있다. 구매 이력, 행동 패턴, 관심사를 기준으로 고객 그룹을 나눌 수 있다.

② 마케팅 캠페인에 적합한 목표 고객을 설정한다. 특정 제품군에 관심이 있는 고객 세그먼트를 대상으로 캠페인을 설정할 수 있다.

③ 세그먼트에 맞는 개인화된 콘텐츠를 준비한다. 여기에는 맞춤형 메시지, 프로모션 코드, 특별 혜택 등이 포함될 수 있다.

(2) 캠페인 자동화

① D-ID AI의 자동화 기능을 활용해 캠페인 실행을 자동화한다. 고객이 특정 행동(예: 제품 페이지 방문)을 할 때 자동으로 프로모션 메시지를 보내도록 설정할 수 있다.

② 고객이 메시지를 받을 최적의 시점을 분석해 메시지 발송 시간을 설정한다. 이를 통해 메시지가 고객에게 도달하는 순간을 최적화할 수 있다.

③ 캠페인 실행 전에 테스트를 통해 예상 성과를 분석하고 필요한 경우 전략을 조정한다. A/B 테스트를 통해 가장 효과적인 메시지나 타이밍을 확인할 수 있다.

(3) 실시간 대응 및 조정

① 캠페인 실행 중에 실시간으로 데이터를 모니터링해 고객의 반응을 분석한다. 이를 통해 캠페인이 어떻게 진행되고 있는지 즉시 파악할 수 있다

② 캠페인 중간에 성과가 예상보다 저조한 경우 즉시 조치를 취해 전략을 조정한다. 메시지의 내용이나 발송 시간을 변경해 효과를 극대화할 수 있다.

③ 캠페인이 완료된 후 성과를 분석해 다음 캠페인에 반영할 피드백을 도출한다. 고객 반응 데이터를 기반으로 향후 캠페인의 전략을 더욱 정교하게 다듬을 수 있다.

2) 실시간 고객 참여 유도

D-ID AI 챗봇은 실시간으로 고객 참여를 유도해 마케팅 캠페인의 효과를 높일 수 있다. 실시간 상호작용은 고객의 관심을 끌고 즉각적인 행동을 유도하는 데 중요한 역할을 한다. 이 섹션에서는 실시간 고객 참여를 유도하는 방법을 설명한다.

(1) 실시간 이벤트 관리

① 실시간으로 진행되는 이벤트(예: 라이브 세일, Q&A 세션)를 챗봇을 통해 홍보한다. 고객이 이벤트에 참여하도록 유도하는 메시지를 실시간으로 전송한다.

② 이벤트가 진행되는 동안 챗봇을 통해 고객과 실시간으로 상호작용한다. 제품 데모 중에 고객이 질문하면 즉시 답변을 제공할 수 있다.

③ 이벤트가 종료된 후, 챗봇을 통해 고객의 피드백을 실시간으로 수집한다. 이를 통해 고객의 만족도를 분석하고, 향후 이벤트 개선에 활용할 수 있다.

(2) 실시간 맞춤형 제안

① 고객의 실시간 행동을 분석해 맞춤형 제안을 한다. 고객이 특정 제품을 여러 번 조회한 후 구매하지 않은 경우 챗봇이 특별 할인을 제안할 수 있다.

② 고객의 위치 데이터를 활용해 가까운 매장이나 이벤트 정보를 실시간으로 제공할 수 있다. 이는 특히 오프라인 마케팅과의 연계에 유용하다.

③ 고객의 반응 시간을 분석해, 실시간 제안의 타이밍을 최적화한다. 특정 시간대에 더 활발하게 반응하는 고객에게 맞춤형 제안을 해당 시간대에 집중적으로 제공할 수 있다.

(3) 고객 상호작용 최적화

① 고객의 반응에 따라 대화 흐름을 실시간으로 조정한다. 고객이 특정 제품에 대한 관심을 보일 때, 해당 제품의 추가 정보를 제공하는 방향으로 대화를 유도할 수 있습니다.

② 고객의 질문에 대한 챗봇의 응답 시간을 최소화해 더 빠르고 효율적인 상호작용을 제공한다. 이는 고객의 만족도를 높이는 데 중요하다.

③ 실시간으로 수집된 고객 피드백을 즉시 반영해, 챗봇의 대화 스타일이나 제안 방식을 조정한다. 이를 통해 고객의 기대에 맞는 상호작용을 지속적으로 제공할 수 있다.

3) 성과 분석과 최적화

D-ID AI 챗봇을 활용한 마케팅 캠페인의 성과를 분석하고, 이를 바탕으로 캠페인을 최적화하는 과정은 매우 중요하다. 이를 통해 기업은 마케팅 전략의 효과를 극대화하고, ROI를 높일 수 있다. 이 섹션에서는 성과 분석과 최적화 절차를 설명한다.

(1) 주요 성과 지표(KPI) 설정

① 마케팅 캠페인의 목표에 맞는 주요 성과 지표(KPI)를 설정한다. 전환율, 고객 유지율, 응답 속도 등이 포함될 수 있다.

② KPI를 측정하기 위한 데이터 수집 방법을 설정한다. 챗봇의 대화 기록, 고객의 클릭률, 구매 완료율 등을 실시간으로 추적한다.

③ KPI에 따른 목표 성과 기준을 설정해, 캠페인의 성공 여부를 평가할 수 있는 기준을 마련한다.

(2) 성과 분석 도구 활용

① D-ID AI 플랫폼에서 제공하는 분석 툴을 설정해 캠페인의 실시간 성과를 모니터링한다. 예를 들어, 고객의 대화 패턴, 반응 시간, 구매 전환율 등을 분석한다.

② 수집된 데이터를 시각화해 성과를 직관적으로 이해할 수 있도록 한다. 그래프, 차트 등을 활용해 각 KPI의 변화를 쉽게 파악할 수 있다.

③ 캠페인 종료 후, 주요 성과 지표를 바탕으로 보고서를 작성한다. 보고서에는 성공 요인과 개선이 필요한 부분을 명확히 기록한다.

(3) 캠페인 최적화 전략 수립

① 분석 결과를 바탕으로, 캠페인의 강점과 약점을 파악한다. 특정 메시지가 높은 전환율을 보인다면, 이를 강화하는 방향으로 전략을 수정할 수 있다.

② 약점으로 드러난 부분에 대해 개선 방안을 도출한다. 고객 참여가 저조한 부분에 대해 메시지 전달 방법이나 타이밍을 조정할 수 있다.

③ 최적화된 전략을 기반으로, 다음 캠페인의 목표와 접근 방식을 설정한다. 이를 통해 지속적인 성과 향상과 ROI 극대화를 도모한다.

제7장

AI 홍보영상 마케팅 사례 및 활용 방안

Prologue

디지털 혁명과 AI 영상의 만남

21세기의 디지털 혁명은 비즈니스와 마케팅의 판도를 바꾸어 놓았다. 그중에서도 특히 인공지능(AI)의 발전은 새로운 차원의 홍보와 마케팅 전략을 가능하게 했다. 과거에는 상상도 할 수 없었던 AI 기반 영상 기술은 단순한 콘텐츠 생성의 도구를 넘어 소비자와의 소통 방식을 근본적으로 변화시키고 있다.

이 장은 AI 영상 기술을 활용한 홍보 마케팅의 사례와 전략을 다루며, 이 혁신적인 기술이 어떻게 비즈니스 성과를 극대화하고 있는지를 탐구한다. 변화의 속도가 빠른 디지털 시대에서 AI 영상은 단순한 트렌드가 아닌 필수적인 도구로 자리매김하고 있다. 이러한 기술이 어떤 방식으로 마케팅의 미래를 이끌고 있으며 어떻게 활용할 수 있을지에 대해 알아보겠다.

1. AI 영상 활용 홍보 마케팅 사례

1) Volvo - For Life // AI generated commercial

[그림1] Volvo - For Life // AI generated commercial

이 사례는 RunwayML의 Gen-3 Alpha 모델을 사용해 상업적인 목적을 위해 테스트한 광고다. 모든 장면은 RunwayML의 텍스트-비디오 변환 기능을 사용해 생성됐다. 이 광고는 인공지능 기술을 활용해 제작됐으며, 이는 광고 제작에 있어 새로운 접근 방식을 제시한다.

AI를 통해 광고의 각 장면을 자동으로 생성함으로써 전통적인 광고 제작 과정에서 필요한 시간과 비용을 절감할 수 있다. 또한 AI를 사용하면 보다 창의적이고 다양한 시각적 표현이 가능해져 소비자들에게 새로운 경험을 제공할 수 있다.

이러한 AI 생성 광고는 특히 자동차 산업에서 브랜드의 이미지를 강화하고, 혁신적인 기술을 강조하는 데 유용할 수 있다. Volvo의 'For Life' 슬로건은 안전성과 신뢰성을 강조하는데, AI 기술을 활용한 광고는 이러한 브랜드 메시지를 더욱 효과적으로 전달할 수 있는 수단이 될 수 있다.

2) 100% AI로 탄생한 광고, '유플러스'

LG유플러스는 AI 기술을 활용해 100% 인공지능으로 제작한 광고를 선보였다. 이 광고는 '유쓰(Uth) 청년요금제' 출시를 기념해 만들어졌으며, 20대 고객을 대상으로 맞춤형 콘텐츠를 제공하기 위해 기획됐다.

[그림2] LG 유플러스 유튜브 채널화면

(1) 광고 제작 과정

LG유플러스는 '그로쓰 리딩 AI 컴퍼니'라는 슬로건을 소개하는 광고를 100% AI로 제작했다. 이 광고는 LG유플러스의 자체 AI '익시'를 활용하여, 아이가 성인으로 변하거나 건물이 빌딩숲으로 변하는 '몰핑 효과'와 화면이 지지직거리는 '글리치 효과' 등을 구현했다.

HSAD는 20만 프레임 이상의 AI 생성 소스를 사용하여, 촬영 없이 AI 영상만으로 광고를 완성했다. 이로 인해 제작 비용과 기간이 각각 40%와 70% 절감되었다.

(2) 시나리오 및 구성 요소 생성

LG유플러스의 AI 전담 조직인 CDO가 보유한 '익시(ixi)' 기술을 활용해 시나리오, 이미지, 음성, 영상 등 광고 제작에 필요한 모든 소스를 생성했다. AI는 약 300여 개의 소스를 출력해 광고 제작에 사용했으며, 이는 업계 최초로 AI를 통해 광고의 모든 요소를 제작한 사례다.

(3) 비용 및 시간 절감

AI를 활용한 덕분에 광고 제작 비용은 일반적인 광고 제작 비용의 약 4분의 1로 줄었고, 제작 기간도 약 3분의 1로 단축됐다.

[그림3] LG 유플러스 주현영

(4) 스토리텔링

광고는 20대 배우 주현영이 LG유플러스의 마케터로 등장해 AI에게 광고 제작을 맡기는 스토리로 진행된다. 광고는 아기 돼지 삼 형제 이야기를 시작으로, 점차 히어로물 장르로 변하는 과정을 통해 웃음과 재미를 제공한다.

이 광고는 LG유플러스가 AI 기술을 마케팅에 적극 활용해 고객 경험을 혁신하고자 하는 노력을 보여주는 사례로 주목받고 있다. AI를 통해 광고 제작의 효율성을 높이고, 새로운 기술을 소비자들에게 친근하게 소개하는 데 기여하고 있다.

3) 'ABC마트' AI 애니메이션 영상 사례

ABC마트는 AI 기술을 활용해 대규모 할인 이벤트를 홍보하기 위한 애니메이션 광고를 제작했다. 이 광고는 신발과 여름을 주제로 해 한국의 여름 방학을 연상시키는 다양한 요소들을 포함하고 있다. 예를 들어, 수박과 소나기, 한국을 대표하는 기와집과 빌딩 숲 등이 등장한다. 이 애니메이션은 AI의 도움으로 제작됐으며 완성도가 높아 보인다.

특히 광고에서는 AI의 흔한 자막 오류를 유머스럽게 활용해 재미를 더했다. 예를 들어, 수박 대신 신발을 먹고 있는 장면이나, 자막에서 'D끝없는', '이 말이야'와 같은 표현이 등장한다. 이러한 요소들은 광고를 더욱 흥미롭게 만들어 시청자들의 이목을 끌고 있다.

[그림4] ABC 마트 사례

4) 삼성생명의 AI 캠페인

삼성생명은 '좋은 소식의 시작'이라는 브랜드 캠페인에서 AI를 활용해 개인 맞춤형 콘텐츠를 제작했다. AI 기술을 통해 사용자 입력에 기반한 맞춤형 메시지를 제공함으로써 고객 참여를 유도했다.

5) 현대백화점의 챗GPT 활용

현대백화점은 챗GPT를 활용해 광고 문구와 판촉 행사 문구를 제작했다. 이를 통해 타깃 고객에게 맞춤형 광고를 제공하고, 소셜 미디어에서의 상호작용을 자동화해 고객 참여를 증진했다.

2. AI 홍보영상 마케팅 활용 방안

AI 홍보영상 마케팅은 인공지능 기술을 활용해 브랜드의 메시지를 효과적으로 전달하고 고객과의 상호작용을 강화하는 전략이다. AI 기술의 발전으로 인해 마케팅 분야에서도 혁신적인 변화가 일어나고 있으며 다양한 사례와 활용 방안이 존재한다.

1) 개인화된 콘텐츠 제공

AI는 고객의 선호도와 행동 데이터를 분석해 개인화된 콘텐츠를 제공할 수 있습니다. 이를 통해 고객 경험을 향상시키고 브랜드에 대한 충성도를 높일 수 있다. 예를 들어, AI 기반 추천 엔진을 통해 고객의 구매 이력을 분석해 맞춤형 상품을 추천할 수 있다.

2) 효율적인 콘텐츠 제작

AI는 광고 제작 과정을 자동화해 시간과 비용을 절감할 수 있다. AI 영상 제작 도구를 활용하면 복잡한 편집 작업을 간소화하고 빠르게 고품질의 영상을 제작할 수 있다. 이는 특히 광고 캠페인에서 중요한 역할을 한다.

3) 고객 상호작용 강화

AI 기반 챗봇이나 음성 비서를 활용해 고객과의 상호작용을 강화할 수 있다. 이러한 기술은 고객의 문의를 실시간으로 처리하고, 개인화된 서비스를 제공함으로써 고객 만족도를 높인다.

4) 문화 트렌드에 대한 빠른 대응

AI는 빠르게 변화하는 문화 트렌드에 대응할 수 있는 유연성을 제공한다. AI 분석 도구를 통해 최신 트렌드를 파악하고 이를 반영한 콘텐츠를 제작함으로써 브랜드의 경쟁력을 강화할 수 있다.

5) 데이터 기반 의사결정

AI는 방대한 데이터를 분석해 마케팅 전략을 최적화하는 데 도움을 준다. 예측형 AI는 과거 데이터를 기반으로 인사이트를 제공하고, 생성형 AI는 이를 활용해 새로운 콘텐츠를 생성한다. 이를 통해 마케터는 보다 효과적인 의사결정을 내릴 수 있다.

AI 홍보영상 마케팅은 기술의 발전과 함께 더욱 다양한 가능성을 열어가고 있다. 기업들은 AI를 활용해 고객 경험을 혁신하고 보다 효율적인 마케팅 전략을 수립함으로써 경쟁력을 강화할 수 있다. 이러한 기술을 효과적으로 활용하기 위해서는 데이터의 품질 관리와 고객 경험에 대한 세심한 주의가 필요하다.

Epilogue

AI 활용 영상 마케팅은 현대 디지털 마케팅의 핵심 요소로 자리 잡고 있으며 기술과 창의성이 결합된 혁신적인 접근 방식을 제공한다. AI 기술을 통해 마케터들은 고객의 행동과 선호도를 더욱 깊이 이해하고 이를 바탕으로 맞춤형 콘텐츠를 제공해 고객과의 상호작용을 강화할 수 있다. 이러한 변화는 전통적인 마케팅 방법을 넘어 새로운 가능성을 열어주고 있다.

AI를 활용한 영상 마케팅은 다양한 성공 사례를 통해 그 효과를 입증하고 있다. 예를 들어, LG유플러스는 AI를 통해 광고 제작의 모든 요소를 자동화해 비용과 시간을 절감했으며, ABC마트는 AI를 활용한 애니메이션 광고로 소비자들의 관심을 끌었다. 이러한 사례들은 AI가 광고 제작 과정에서 창의성을 증진하고, 보다 개인화된 경험을 제공하는 데 어떻게 기여할 수 있는지를 보여준다.

AI 영상 마케팅의 성공적인 활용을 위해서는 몇 가지 전략적 접근이 필요하다. 첫째, AI를 통해 개인화된 콘텐츠를 제공함으로써 고객 경험을 향상시키고 브랜드 충성도를 높일 수 있다. 둘째, AI는 광고 제작 과정을 자동화해 효율성을 높이고 빠르게 변화하는 트렌드에 대응할 수 있는 유연성을 제공한다. 셋째, AI 기반의 데이터 분석을 통해 마케팅 전략을 최적화하고, 고객의 요구에 보다 정확하게 대응할 수 있다.

이러한 AI 활용 전략은 기업이 경쟁력을 유지하고 고객과의 관계를 강화하는 데 중요한 역할을 합니다. 그러나 AI 기술의 활용에는 데이터 프라이버시와 창의성의 균형 유지, 기술적 통합과 같은 도전 과제도 존재한다. 이러한 도전 과제를 극복하기 위해서는 지속적인 기술 발전과 함께 윤리적 고려가 필요하다.

결론적으로, AI 영상 마케팅은 개인화, 효율성, 참여도를 새로운 차원으로 끌어올리는 데 기여하고 있다. AI를 전략적으로 활용함으로써 기업은 보다 효과적인 마케팅 캠페인을 구현할 수 있으며, 이는 궁극적으로 비즈니스 성과 향상과 고객 경험의 질적 향상으로 이어질 것이다. AI 기술의 발전과 함께, 마케팅 분야에서도 지속적인 혁신과 발전이 기대된다.

제8장
윤리적 AI 마케팅

Prologue

인공지능(AI)은 지난 수년간 그 발전 속도와 함께 우리의 생활과 사업 환경을 혁신적으로 변화시켜 왔다. 마케팅 분야 역시 이러한 변화의 중심에 있으며, 인공지능 기술을 통한 마케팅은 기업들이 보다 개인화되고 효과적인 커뮤니케이션을 할 수 있도록 돕고 있다. 그러나 이러한 발전과 함께 윤리적 고려 사항도 점점 더 중요해지는 상황이다.

이 책은 AI 마케팅의 윤리적 문제를 심도 있게 탐구하고, 책임 있는 AI 마케팅 실천을 위한 명확한 길잡이 역할을 하고자 한다. AI 기술은 강력한 도구이지만 그것이 잘못 사용될 경우 심각한 윤리적 문제를 초래할 수 있다. 이러한 문제는 단순히 기업의 평판에 그치는 것이 아니라, 소비자 신뢰를 무너뜨리고 궁극적으로는 사회 전체의 신뢰 기반을 약화시킬 위험이 있다. 따라서 이 책은 신뢰할 수 있고, 책임 있는 AI 마케팅 전략을 수립하고자 하는 기업과 마케터들에게 필수적인 자원이 될 것이다.

우리는 이 책을 통해 독자들이 AI 마케팅에서 윤리적 딜레마를 이해하고, 실용적이고 책임 있는 솔루션을 찾을 수 있도록 돕고자 한다. AI 마케팅의 여러 윤리적 측면—데이터 프라이버시, 정보 정확성, 편향성과 책임성 등을 탐구하고 각 분야에서의 실제 사례와 전략적 가이드를 제공한다. 독자들은 이 책을 통해 AI 기반 마케팅을 보다 효과적이고 윤리적으로 활용하는 방법을 배우게 될 것이다.

우리는 어떻게 AI 기술을 활용해 마케팅의 성공을 보장하면서도 윤리적 책임을 다할 것인가? 본 책은 이에 대한 답변을 찾는 과정의 시작점이 될 것이다.

1. AI 마케팅의 개요

1) AI 마케팅의 정의 및 개념

AI 마케팅은 인공지능 기술을 활용해 마케팅 활동을 보다 효율적이고 개인화된 방식으로 실행하는 것을 의미한다. 이러한 접근 방식은 데이터 분석, 고객 인사이트, 개인화된 고객 경험 제공 등을 강화하는 데 중점을 둔다. AI 마케팅에 사용되는 주요 기술에는 다음과 같은 것들이 포함된다.

(1) 자연어 처리(NLP)

NLP는 텍스트와 음성을 이해하고 처리하는 기술로 고객 서비스 챗봇과 음성 인식 시스템에 주로 활용된다. 이러한 기술은 고객과의 상호작용을 보다 자연스럽고 원활하게 만들어 준다.

(2) 머신 러닝(ML)

머신 러닝은 데이터에서 패턴을 학습하고 예측하는 기술이다. ML 알고리즘은 광고 타깃팅, 고객 세분화 및 예측 분석에 사용돼 마케팅 전략을 정교화하는 데 도움을 준다.

(3) 컴퓨터 비전

컴퓨터 비전은 이미지를 인식하고 해석하는 기술로, 제품 추천 시스템이나 감정 인식과 같은 분야에 활용된다. 이를 통해 고객의 행동이나 반응을 시각적으로 분석할 수 있다.

2) 역사와 발전

AI 마케팅의 역사는 컴퓨팅 기술의 발전과 함께 진화해왔다. 초기의 AI 기술은 주로 대형 기업에서 데이터 분석을 목적으로 사용됐으나, 기술 발전과 함께 중소기업을 포함한 다양한 분야로 확장됐다. 1990년대 중반, 인터넷과 전자상거래의 발전은 AI 마케팅의 도입 가능성을 확대했으며, 21세기 초반에는 데이터 분석과 CRM 시스템으로서의 AI 사용이 본격화됐다.

(1) 초기 도입 사례

아마존과 넷플릭스는 초기부터 AI를 통해 고객 추천 시스템을 개발하며 개인화된 경험을 제공한 대표적인 사례이다.

(2) 현재의 발전

최근 AI 기술은 실시간 데이터 처리 능력과 빅데이터 분석을 통해 더욱 정교한 타깃팅과 개인화를 가능하게 하고 있다. AI 기반 챗봇과 가상 비서는 고객 서비스 분야에서 활발히 활용되고 있으며, 자동화된 광고 구매 시스템(프로그램매틱 광고)은 보다 효과적인 광고 캠페인을 실행할 수 있는 능력을 제공한다.

3) 현재 트렌드와 미래 전망

오늘날 AI 마케팅은 기술의 발전과 함께 다양한 영역에서 진화하고 있다. 여기에는 다음과 같은 주요 트렌드가 포함된다.

(1) 챗봇과 가상 비서

자연어 처리와 머신 러닝을 활용해 고객과의 상호작용을 자동화하는 도구로, 24/7[1] 고객 지원 제공이 가능해진다.

(2) 개인화 광고

AI는 개인의 관심사와 행동 데이터를 분석해 각 사용자에게 맞춤형 광고를 제공한다. 이는 광고 효율성을 극대화하고 고객의 참여도를 높이는 데 기여한다.

(3) 예측 분석

머신 러닝과 빅데이터 분석을 통해 미래의 소비자 행동을 예측하고, 이에 기반해 마케팅 전략을 수립할 수 있다.

---

1) 24/7: 상업과 산업에서 24/7 또는 24-7 서비스는 언제든지, 보통은 매일 이용 가능한 서비스이다. 24×7로 표기하기도 한다. 이 표기는 '하루 24시간, 1주일 7일'을 의미한다. 당해의 일일 서비스 사용 가능을 분명히 하기 위해, 비록 쓰이는 빈도가 조금은 적긴 하지만 24/7/52(52주를 추가)와 24/7/365 서비스(365일을 추가)라는 표현도 사용된다. 한국어권에서는 한 해 내내 쉬지 않는다는 의미의 연중무휴(年中無休)라는 표기가 흔히 사용된다(출처: 위키백과).

(4) 미래 전망

AI 마케팅의 미래는 계속해서 진화할 AI 기술과 긴밀히 연결돼 있다. 예를 들어, 감정 인식 기술은 마케팅 메시지를 더욱 정교하게 개인화해 전달할 수 있게 하며, 강화 학습(RL)은 동적인 고객 데이터를 실시간으로 분석해 적응적인 마케팅 결정을 가능하게 할 것이다. 또한 AI 윤리 문제에 관한 관심이 높아지면서 책임 있는 AI 마케팅 실천이 더욱 중요해질 것으로 예상된다.

[그림1] 인공지능이 이끄는 마케팅의 미래

2. 윤리적 문제의 이해

1) 데이터 프라이버시와 보호

현대의 AI 시스템은 방대한 양의 개인 데이터를 활용해 개인화된 경험을 제공한다. 그러나 이러한 데이터 사용은 여러 윤리적 문제를 야기할 수 있다. 개인정보 보호는 특히 중요하며 사용자 데이터를 수집, 처리, 저장하는 과정에서 사용자 동의와 투명성이 필수적이다.

(1) GDPR

유럽연합의 일반 데이터보호규칙(GDPR)은 개인정보가 사용되고 보호되는 방식을 규제하고 있다. GDPR은 사용자의 데이터 사용 동의를 명시적으로 요구하며, 사용자가 자신의 데이터에 접근하고 이를 삭제할 권리를 부여한다. 이는 기업들이 데이터 처리 과정에서 엄격한 표준을 준수해야 함을 의미한다.

(2) 법적 규제의 중요성

이러한 법적 규제는 데이터 프라이버시에 대한 인식을 높이며, 기업이 데이터 보호 정책을 수립하고 실행하는 데 필수적인 역할을 한다.

2) 허위 정보 및 조작

AI 기술은 콘텐츠 생성에 있어 강력한 도구가 될 수 있으나, 잘못 사용될 경우 허위 정보나 가짜 뉴스 등이 확산되는 문제를 야기할 수 있다.

(1) 허위 광고

AI를 활용해 진짜처럼 보이는 허위 광고를 제작할 수 있다. 이는 소비자를 오도하고 잘못된 구매 결정을 유도할 수 있다.

(2) 가짜 뉴스

AI를 통해 생성된 가짜 뉴스는 여론을 조작하거나 사회적 분열을 초래할 수 있다. 이러한 정보의 확산을 막기 위해서는 지속적인 감시와 검증 메커니즘이 필요하다.

3) 저작권 및 지적 재산권 문제

AI는 자동으로 콘텐츠를 생성할 수 있으며 이는 저작권 및 지적 재산권에 관한 새로운 문제를 야기한다.

(1) AI 생성물의 저작권

AI가 만든 콘텐츠의 저작권을 누구에게 귀속시켜야 하는 지에 대한 논의가 있다. 이 문제는 법적으로 아직 명확히 정의되지 않은 경우가 많다.

(2) 법적 분쟁 사례

예를 들면 AI가 생성한 예술 작품이나 음악에 대해 저작권 소유권을 주장하는 사건이 발생하고 있다. 법적 분쟁은 이러한 새로운 창작물이 전통적인 저작권 체계에 어떻게 포함될 수 있는지를 탐구하는 과정이다.

① 사례 1: AI 창작물의 저작권 불인정

한국에서는 AI가 생성한 그림, 시, 소설 등의 창작물에 대해 저작권을 인정하지 않는다는 정부 지침이 발표됐다. 문화체육관광부는 AI 창작물에 대한 저작권 등록을 불허하며, 인간과 AI가 함께 작업한 경우에도 인간의 창작적 개입이 명백한 부분에만 제한적으로 저작권을 인정하겠다는 입장을 밝혔다. 이 지침은 AI 생성물이 저작물로서의 법적 보호를 받을 수 없음을 명확히 해, AI와 관련된 저작권 문제에 대한 법적 기준을 마련하는데 중요한 사례로 작용했다.

② 사례 2: AI 영화 'AI수로부인'의 저작권 인정

한국에서는 AI로 전면 제작된 영화 'AI수로부인'이 저작권을 인정받아 '편집저작물'로 등록됐다. 이 영화는 여러 AI 프로그램을 활용해 제작됐으며 시나리오부터 이미지, 비디오, 음악까지 AI가 생성한 결과물을 포함하고 있다. 그러나 이러한 AI 생성물에 대한 편집과 미세조정 과정에서 인간의 기여가 컸기 때문에 저작권이 인정됐다. 이는 AI 생성물에 대한 저작권 인정의 두 번째 사례로 AI 창작물의 법적 지위를 논의하는 데 중요한 전환점이 됐다.

③ 사례 3: 월스트리트저널과 OpenAI의 저작권 논쟁

OpenAI는 챗GPT를 개발하는 과정에서 월스트리트저널의 기사를 허가 없이 학습 데이터로 사용했다는 논란에 휩싸였다. 월스트리트저널의 모회사인 뉴스코프의 법률 고문은 AI 학습에 사용된 기사를 적절한 허가 없이 활용한 것은 저작권 침해라고 주장했다. 이 문제는 챗봇과의 대화를 통해 AI가 어떤 뉴스 미디어를 학습했는지 확인하는 과정에서 드러났다. 이 사건은 AI의 학습 과정에서 저작권 보호된 콘텐츠의 사용에 대한 법적 문제를 부각시켰다.

4) 공정성 및 차별

AI 시스템은 때때로 훈련 데이터의 편향으로 인해 특정 인구 집단에 대한 차별을 야기할 수 있다.

(1) 편향된 데이터 문제

AI의 성능과 공정성은 훈련 데이터의 질에 크게 의존한다. 데이터에 내재 된 편향이나 불균형은 차별적인 결과로 이어질 수 있다.

(2) 포괄적 데이터 수집 방법

이를 해결하기 위해 다양한 인구 통계와 관점을 반영하는 포괄적인 데이터 수집과 평등한 알고리즘 설계가 필요하다.

5) 투명성 및 책임성

AI가 내리는 결정은 종종 복잡하고 불투명해 사용자가 그 과정을 이해하기 어려운 경우가 많다.

(1) 결정 과정의 투명성

AI 시스템의 결정 과정을 이해할 수 있는 설명 가능 AI(XAI) 개발이 필요하다. 이를 통해 사용자와 관리자는 AI의 결정 배경을 이해하고 신뢰할 수 있다.

(2) 책임 소재 명확화

AI가 잘못된 결정을 내렸을 때의 책임 소재를 명확히 하기 위한 법적 및 윤리적 프레임 워크도 중요하다.

6) 심리적 영향

AI 마케팅은 사용자의 심리에 큰 영향을 미칠 수 있으며 이는 긍정적이거나 부정적일 수 있다.

(1) 개인화의 윤리적 한계

지나치게 개인화된 마케팅은 사용자가 공략당하고 있다는 느낌을 받을 수 있으며 이는 불쾌감이나 프라이버시 침해로 이어질 수 있다.

(2) 심리적 안전 고려

AI가 생성한 광고의 내용이나 형식이 사용자의 정서에 어떤 영향을 미치는지를 미리 평가하고, 부정적인 영향을 최소화하는 윤리적 기준을 수립해야 한다.

3. 윤리적 AI 마케팅을 위한 가이드라인

1) 프라이버시 보호

(1) 데이터 익명화 및 최소 수집 원칙

① 실천 방안

데이터 수집 시 개인 식별 요소를 제거하거나 익명화해 사용자가 누구인지 식별할 수 없도록 처리한다. 필요한 데이터만 최소한으로 수집하고, 불필요한 데이터는 받지 않도록 한다.

② 예시

고객 피드백을 수집할 때 AI를 사용해 감정 분석을 하되, 사용자 이름이나 다른 개인정보를 저장하지 않도록 한다.

(2) 사용자에게 데이터 사용 설명 및 동의 받기

① 실천 방안

데이터를 사용할 목적을 명확히 설명하고, 사용자의 명시적 동의를 받은 후 데이터를 처리한다. 또한 사용자에게 언제든지 데이터를 삭제할 수 있는 옵션도 제공해야 한다.

② 예시

웹사이트에 데이터 사용에 대한 자세한 설명이 포함된 쿠키 배너를 두고 사용자가 동의해야만 개인화된 광고가 나타나도록 설정한다.

2) 정확한 정보 제공

(1) 광고와 마케팅 콘텐츠의 진실성 유지

① 실천 방안

모든 광고와 마케팅 메시지가 사실에 기반하고 있는지 점검하고, 과장된 표현을 피한다. 소비자의 신뢰를 유지하는 것이 우선이다.

② 예시

제품 기능을 설명할 때 정확한 데이터를 사용하고, 과대광고를 피하는 것이다.

(2) 허위 정보 방지를 위한 검증 프로세스 설계

① 실천 방안

모든 콘텐츠는 배포 전에 사실 확인 과정을 거치도록 프로세스를 마련한다. AI 도구를 사용해 콘텐츠를 검증하는 시스템을 구축할 수 있다.

② 예시

AI를 통해 생성된 콘텐츠는 인공지능의 검증 툴을 통해 진위 여부와 오류가 없는지 확인한다.

3) 편향 제거

(1) 모델 학습 데이터의 공정성 점검

① 실천 방안

AI 모델 학습에 사용되는 데이터가 편향되지 않았는지 정기적으로 점검하고 필요 시 다양한 소스에서 데이터를 추가해 균형을 맞춘다.

② 예시

고객 리뷰 분석 도구에서 편향된 판단을 피하기 위해 다양한 문화와 배경을 고려한 리뷰 데이터를 포함한다.

(2) 다양한 인구 통계를 반영한 데이터 수집 방법

① 실천 방안

데이터 수집 과정에서 다양한 인구 통계를 반영할 수 있도록 설계해, 특정 그룹에 대한 편향을 방지한다.

② 예시

설문 조사나 피드백을 받을 때 인종, 성별, 나이 등 다양한 인구 통계학적 요소를 균형 있게 반영한다.

4) 책임성 강화

(1) AI 모델의 의사결정 과정 기록 및 검토

① 실천 방안

AI 의사결정 과정의 모든 단계를 기록하고 외부 리뷰를 통해 주기적으로 검토한다. 이 과정은 AI 사용성을 이해하고 문제가 발생할 경우 도출할 책임을 분명히 하는 데 도움을 준다.

② 예시

의사결정 로그를 분석해 합리적 판단이 이뤄졌는지 검토하고 필요한 경우 개선 사항을 마련한다.

(2) 실수와 오류에 대한 대응 및 수정 절차

① 실천 방안

AI 시스템에 의해 발생한 실수나 오류를 신속히 수정하기 위한 절차를 수립하고 이행한다. 고객 불만 사항에 대한 즉각적인 대응 체계를 구축한다.

② 예시

AI가 잘못된 추천을 할 경우 즉시 수정하고 사용자에게 그 이유와 대응을 설명하는 정책을 마련한다.

5) 심리적 안전 고려

(1) 광고 콘텐츠의 심리적 영향 평가

① 실천 방안

광고에 사용된 이미지, 텍스트, 메시지가 사용자에게 미칠 수 있는 심리적 영향을 평가해 부정적 반응을 최소화 한다.

② 예시

민감한 주제를 다룰 때는 전문가의 의견을 반영해 사용자의 불안을 야기하지 않도록 주의를 기울인다.

(2) 사용자에게 부담을 주지 않는 타깃 광고 전략

① 실천 방안

지나치게 개인화된 광고로 사용자에게 부담을 주지 않도록 균형을 맞추고, 광고 빈도를 조절한다.

2) 성공 사례와 실패 사례 분석

(1) 성공적 윤리적 AI 마케팅의 요인 분석

성공적인 윤리적 AI 마케팅 사례에서 주목할 점은 다음과 같다.

① 개방성 및 투명성

IBM과 같은 기업들이 고객과 명확한 정보 공유를 통해 데이터를 관리하고 공정성을 유지한 것이 주요한 성공 요인이었다.

② 지속적인 모니터링과 개선

AI 기술이 지속적으로 검토 및 개선되도록 시스템을 구축함으로써 변화하는 환경에 신속히 대응할 수 있었다.

(2) 실패 사례를 통해 배울 교훈과 개선 방안

실패한 사례에서는 주로 다음과 같은 문제점이 드러났다.

① 미숙한 초기 대응

페이스북(메타)는 초기엔 가짜 뉴스 문제에 대해 미온적 대응을 보였으나, 문제의 심각성이 드러난 후 조치를 취했다. 초기 더 강력한 대응이 필요했다.

② 소통 부족

사용자와의 충분한 정보 공유 및 피드백 수집의 부족이 문제 해결을 지연시킨 사례가 있었다.

(3) 개선 방안

① 투명한 커뮤니케이션과 초기 대응 강화

문제가 발생했을 때 사용자와의 명확하고 신속한 의사소통 및 대응 조치가 필요하다.

② 지속적 사용자 피드백 통합

사용자의 피드백을 지속적으로 수집해 이를 기반으로 시스템을 개선하는 것이 중요하다. 또한 이러한 피드백 과정을 통해 윤리적 기준 준수 여부를 정기적으로 검토해야 한다.

[그림3]은 성공과 실패 요인을 각각 강조하는 두 개의 막대 그래프로 구성된 이미지이다.

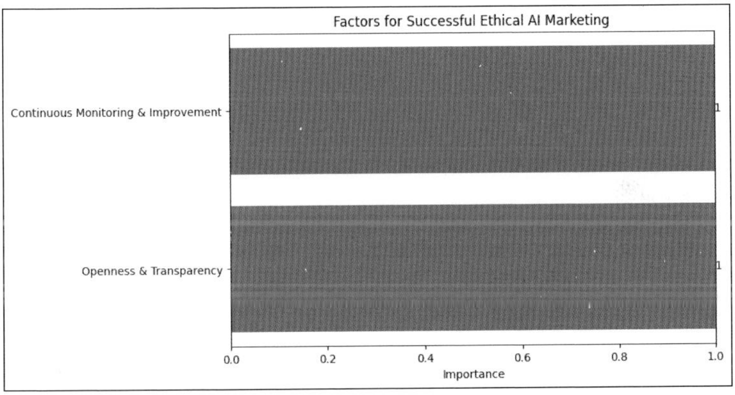

[그림3] 성공적인 윤리적 AI 마케팅 요인

5. 윤리적 AI 마케팅을 위한 프레임워크

1) 각 단계별 윤리적 고려 사항 정리

각 단계에서 필요로 하는 윤리적 고려 사항을 명확히 한다.

(1) 1단계

목표 설정으로 AI 마케팅의 목표와 윤리적 원칙이 일치하는지 검토한다.

(2) 2단계

데이터 수집으로 데이터 수집 방법의 윤리적 검토 및 사용자 동의 가이드라인을 수립한다.

(3) 3단계

모델 개발로 모델의 공정성 및 편향성을 검토하고 외부 검토를 포함할 계획을 수립한다.

(4) 4단계

실행은 AI 결과의 투명성을 확보하고 성과를 평가한다.

(5) 5단계

피드백은 이용자 피드백을 수집하고 윤리적 문제 보완 계획을 마련한다.

2) 조직 내 윤리적 AI 사용을 위한 정책 제안

(1) 내부 정책 수립 가이드 라인

기업은 윤리적 AI 사용을 위한 정책을 공식화하고 이행해야 한다.

① 정책 문서

AI 윤리 원칙과 목표를 포함한 정책 문서를 작성한다.

② 정기 교육

직원 대상으로 AI 윤리 교육 및 훈련 프로그램을 운영한다.

③ 피드백 시스템

내부 직원 및 고객으로부터 윤리적 문제에 대한 피드백을 수집하는 시스템을 마련한다.

④ 전담팀 구성

AI 윤리를 감독할 전담팀을 구성하고 역할을 정의한다.

⑤ 정기 점검

정기적으로 정책 및 절차를 점검해 지속적으로 개선할 수 있는 체계를 구축한다.

(2) 윤리적 결정을 내리기 위한 조직 내 역할 및 책임을 분담

① 경영진

전체 윤리적 AI 정책과 방향 설정 및 리더십을 제공한다.

② AI 개발팀

윤리적 기준을 충족하는 AI 모델을 개발하고 검토한다.

③ 법무팀

AI 관련 법률 및 규제 준수 여부를 검토한다.

④ 고객 서비스팀

고객의 피드백을 반영하고 윤리적 문제가 발생할 경우 보고한다.

⑤ 윤리 위원회

AI 프로젝트 전반에 걸쳐 윤리적 결정 및 감시 역할을 수행한다.

3) 지속 가능성을 고려한 장기적 AI 마케팅 전략

(1) 장기적으로 지속 가능한 AI 마케팅을 실현하기 위해 복합적인 전략 개발

① 지속 가능 목표 설정

AI 마케팅의 목표와 환경적 지속 가능성의 연계성을 검토한다.

② 에너지 효율성

AI 시스템의 운영에서 에너지 효율성을 고려한 최적화 방안을 마련한다.

③ 지속 가능한 데이터 소스 활용

지속 가능한 방식으로 수집된 데이터를 활용하고 제공한다.

④ 고객 참여 유도

고객이 지속 가능성을 고려한 선택을 할 수 있도록 장려하는 캠페인을 운영한다.

⑤ 성과 보고 및 개선

지속 가능한 효과를 측정하고 이에 대한 보고서를 발행하며 개선 방안을 마련한다.

(2) AI 기술의 환경적, 사회적 영향을 최소화하기 위한 실질적 방법 도입

① 재활용 데이터 활용

기존 데이터를 재활용해 환경적 영향을 줄이는 방법을 모색한다.

② 친환경적 운영

AI 시스템 운영 과정에서 친환경적인 기술 및 방법을 채택한다.

③ 투명한 커뮤니케이션

고객에게 투명하고 명확한 정보를 제공해 사회적 영향을 강화한다.

④ 사회적 책임 활동

AI 기술을 활용한 사회적 책임 활동 계획 및 실천한다.

⑤ 지속적인 평가 및 보고

환경 및 사회적 영향 평가 체계를 구축해 정기적으로 보고 및 개선 실시한다.

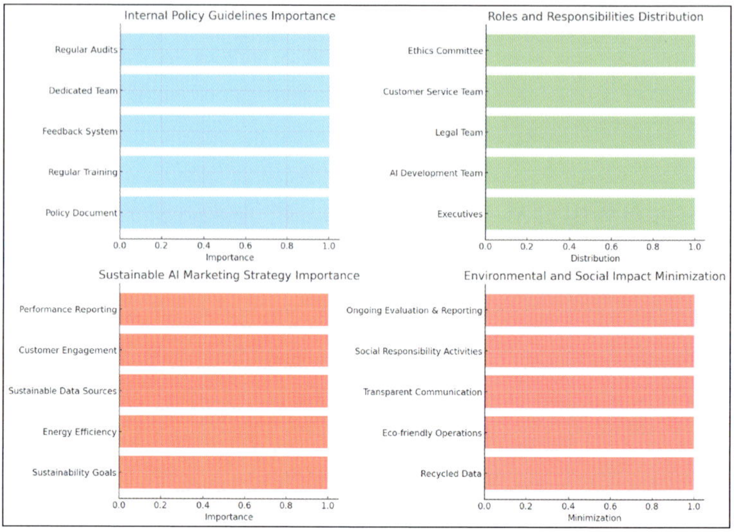

[그림4] 정책 수립 가이드라인 항목별 중요도 / 윤리적 결정의 역할 및 책임 분담 비율
장기적 AI 마케팅 전략 항목별 중요도 / 환경적, 사회적 영향 최소화 항목별 중요도

6. 도구와 자원

1) 윤리적 AI 사용을 지원하는 도구 및 플랫폼 소개

(1) TensorFlow AI Ethics Toolkit

- 기능: 모델의 편향성을 평가하고, 공정성을 보장하기 위한 다양한 지표를 제공한다. 머신러닝 라이브러리 TensorFlow의 확장으로 윤리적 기준을 통합할 수 있는 도구를 제공한다.

(2) H2O.ai

- 기능: 공정성 및 책임감을 중시하는 오픈소스 AI 플랫폼으로, 데이터 분석과 모델의 투명성 및 해석 가능성을 강화한다.

(3) Microsoft Azure AI

- 기능: AI 모델링 및 배포에 있어서 투명성과 윤리성을 강화할 수 있는 다양한 도구와 클라우드 서비스를 제공한다. 특히 Responsible AI Dashboard를 통해 모델 분석과 공정성 측정을 지원한다.

(4) IBM Watson OpenScale

- 기능: AI 모델 성능과 편향성을 모니터링하며 모델의 설명 가능성을 개선하고 정확성을 높이는 데 중점을 둔다. 다양한 산업에서 신뢰성 있게 AI를 사용할 수 있도록 지원한다.

2) 윤리적 AI 사용을 위한 검증 도구

(1) Alibi Detect

- 기능: 머신러닝 모델의 이상 행동을 감지해 편향성을 줄이는 데 도움을 준다. 데이터 드리프트나 모델 성능 저하에 대비해 지속적으로 모니터한다.

(2) Aequitas

- 기능: 데이터 및 모델의 편향성을 평가하고 결정의 공정성을 보장하기 위한 검증 툴킷이다. 다양한 사용자 그룹별 공정성 지표를 제공한다.

(3) AI Fairness 360 by IBM

- 기능: AI 모델의 공정성을 측정하고 편향을 완화한다.

(4) Ethics & Algorithms Toolkit by PwC

- 기능: AI 리스크를 관리하고 윤리적 기준을 준수하도록 돕는다.

(2) 예상되는 규제와 정책 변화

AI 사용이 확대됨에 따라 정부 및 국제기구에 의한 규제와 정책 또한 진화할 것으로 예상된다. 특히 데이터 프라이버시와 보안에 대한 엄격한 규제는 계속 강화될 것이며, AI 시스템에 대한 투명성과 공정성을 확보하기 위한 새로운 법적 기준이 등장할 가능성이 크다. 기업들은 이와 같은 변화에 능동적으로 대응해야 하며, 윤리적 기준을 자체적으로 수립해 이를 선도해야 한다.

2) 지속 가능한 윤리적 마케팅을 위한 제언

(1) 기업과 개인이 함께 실천할 수 있는 윤리적 AI 마케팅 전략

- 윤리적 기준 설정: 기업은 AI 사용에 대한 내부 윤리 강령을 수립하고 이를 실천할 수 있도록 환경을 조성해야 한다. 교육과 훈련을 통해 모든 직원이 윤리적 문제에 대한 인식을 높이고 윤리 강령을 준수하도록 한다.

① 투명성 강화

AI 시스템의 운영과 데이터 사용에 대한 투명성을 높이고 고객에게 명확하고 접근 가능한 정보를 제공하도록 한다.

② 지속적 피드백과 개선

고객과의 지속적인 피드백 루프를 통해 AI 시스템을 평가하고 개선점 및 윤리적 기준 준수 여부를 정기적으로 검토한다.

(2) 공동체 전체의 윤리적 기준 향상을 위한 제언

① 공교육 지원

학교와 기업의 협력을 통해 AI 윤리 관련 교육을 확대하고 차세대 인재가 윤리적 기준을 이해하고 실천할 수 있도록 지원한다.

② 산업 협력 확대

다양한 산업 분야에서 모범적인 AI 사용 사례를 공유하고 협력해 윤리적 AI 활용을 촉진한다.

③ 글로벌 협력

국제적 수준의 협력과 논의를 통해 다양한 문화와 사회적 배경을 반영한 글로벌 윤리 기준을 수립한다.

Epilogue

AI 기술은 마케팅의 혁신적인 도구로 자리 잡으며 우리가 고객과 소통하는 방식과 사업 전략을 설계하는 데 큰 변화를 가져왔다. 그러나 그 발전 속도만큼이나 윤리적 책임이 더욱 중요한 이슈로 떠오르고 있다. 이 책은 AI 마케팅의 윤리적 측면에 대한 깊이 있는 탐구와 실천적인 가이드를 제공하기 위한 노력이다.

우리는 AI 기술이 제공하는 수많은 기회를 살리면서 동시에 그 잠재적 위험을 이해하고 대비할 필요가 있다. 데이터 프라이버시와 보호, 허위 정보 방지, 저작권 문제, 공정성과 투명성 그리고 심리적 안전까지, 이 모든 것은 AI 마케팅의 윤리적 사용을 보장하기 위한 필수적인 요소이다. 이를 위한 다양한 도구와 프레임워크를 통해 기업과 개인 모두가 책임감 있는 접근을 실천해야 한다.

향후 AI 마케팅의 발전은 기술적 혁신뿐만 아니라 그에 따르는 윤리적 기준의 진화가 동반돼야 한다. 예상되는 법적 변화와 사회적 요구를 적극적으로 반영해 기업과 개인이 윤리적 기준을 준수하고 이를 선도해 나가는 것이 중요하다. 공동체의 윤리적 수준을 높이기 위한 지속적인 노력과 협력이 필요하다.

이 책을 마무리하며, 독자 여러분이 얻은 통찰이 실질적인 변화를 이끄는 원동력이 되기를 바란다. AI 마케팅의 미래는 그 자체로 흥미롭고 무한한 가능성을 갖고 있다. 그러나 그 여정에서 우리는 책임 있는 선택을 통해 지속가능하고 윤리적인 방향으로 나아가야 한다. 함께 더 나은 미래를 만들어 나가기를 기대한다.

[그림5]는 AI와 윤리적 마케팅이라는 프롬프트를 넣어 생성형 AI Mid-Jounney를 활용하여 저자의 바램을 넣어 만든 가상 이미지이며 그림 제목은 기술의 토양에서 자라나는 윤리적 인공지능이라 한다.

[그림5] 기술의 토양에서 자라나는 윤리적 인공지능